Sanar desde el alma: Una mirada bíblica y psicológica al sufrimiento humano

MARCELO BUSTOS PEÑA

DEDICATORIA

A todas las almas cansadas y agobiadas,
que buscan consuelo en medio del sufrimiento,
y a quienes, desde su fragilidad,
encuentran fuerza en la fe y esperanza en el amor.
Que este libro sea un faro de luz
en los momentos oscuros
y una invitación a sanar desde lo más profundo del alma.
Con especial gratitud a Dios,
fuente de toda sanación,
y a quienes me han inspirado
con su valentía y resiliencia.

Marcelo Bustos

CONTENIDO

AGRADECIMIENTOS

Con gratitud, quiero dedicar unas palabras a todos los que han sido parte de este viaje de escritura y reflexión. Este libro no solo refleja mi trabajo, sino también la inspiración y el apoyo que he recibido a lo largo de mi vida.

Primero, agradezco a Dios, fuente de todo amor y sabiduría, por guiarme en cada paso de este proceso. Su gracia me ha dado la fuerza, paz y valentía para afrontar mis desafíos y compartir con ustedes lo aprendido. Este libro es un reflejo de la fe que me sostiene y la esperanza que me impulsa.

Gracias a mi familia, amigos, colegas y mentores, por su sabiduría y disposición para escucharme. Su ayuda ha sido fundamental para afinar mis ideas y darme una perspectiva más amplia.

También agradezco a los teólogos, filósofos y psicólogos que han influido en mi pensamiento, enriqueciendo este trabajo con sus conocimientos. Especialmente, a aquellos que, con su dedicación al acompañamiento humano, me han mostrado la belleza de la integración entre fe y psicología.

A todas las personas que, tocadas por la gracia de Dios, enfrentan sus luchas emocionales y espirituales. Este libro es para ustedes, con la esperanza de que encuentren en la fe la fuerza para sanar y la libertad para vivir plenamente.

Finalmente, agradezco a los lectores por tomarse el tiempo de leer estas páginas. Mi deseo es que este libro sea una fuente de luz, paz y esperanza en su caminar. Que el amor incondicional de Dios transforme sus vidas, como ha transformado la mía.

Con gratitud y bendiciones,

Marcelo Bustos Peña.

Prólogo: El abrazo de la fe y la psicología: Camino hacia la sanación integral

El sufrimiento, esa dolorosa realidad que atraviesa la existencia humana, nos une en una búsqueda constante de sentido y consuelo. A lo largo de los siglos, hemos dirigido nuestras preguntas a la religión, la filosofía y, más recientemente, a la psicología, anhelando respuestas que alivien nuestras heridas. Aunque la fe y la psicología puedan parecer caminos distintos, cuando se encuentran y entrelazan, surge una poderosa síntesis: la gracia divina y el conocimiento humano trabajando juntos para sanar lo más profundo del ser. Este libro es un humilde puente que invita a transitar ese encuentro, mostrando cómo la unión entre la fe cristiana y la psicología puede iluminar el camino hacia una vida más plena y reconciliada.

La naturaleza integral del ser humano: Cuerpo, alma y espíritu

La visión cristiana nos muestra al ser humano como un todo integrado: cuerpo, alma y espíritu. San Pablo lo expresó con claridad: "Que el mismo Dios de paz os santifique plenamente, y que todo vuestro ser, espíritu, alma y cuerpo, sea conservado irreprochable para la venida de nuestro Señor Jesucristo" (1 Tesalonicenses 5, 23). En este versículo palpita la verdad de que cada aspecto de nuestro ser está llamado a participar en el proceso de sanación.

La psicología moderna ha hecho grandes avances en la comprensión de la mente y las emociones, pero muchas veces ha dejado de lado lo espiritual. Sin embargo, investigaciones recientes demuestran el valor crucial de la espiritualidad en el bienestar psicológico (Koenig, 2012). La integración entre fe y psicología nos permite entender al ser humano no solo como una mente pensante, sino también como un alma que ama y un espíritu que ansía trascender.

La fe como recurso de resiliencia y esperanza

En los momentos más oscuros de la vida, la fe es esa luz que se mantiene encendida. El Salmo 46, 2-3 nos recuerda: "Dios es para nosotros refugio y fortaleza, un auxilio siempre cerca en la angustia; por eso no tememos aunque tiemble la tierra". Este grito del salmista es la experiencia de tantos creyentes que, en medio del dolor, encuentran en Dios un refugio seguro.

Desde la psicología, entendemos la resiliencia como la capacidad de sobreponerse a las adversidades y salir fortalecidos (Masten, 2001). La fe potencia esta capacidad, pues nos ofrece propósito, esperanza y comunidad. Un estudio de Pargament et al. (2011) mostró que quienes viven su fe con intensidad encuentran mayor sentido en el sufrimiento y experimentan menos ansiedad y depresión.

El papel de la psicología en la comprensión del sufrimiento

La psicología nos ha brindado herramientas valiosas para comprender el dolor humano. Freud (1920) señaló que el sufrimiento surge del choque entre el deseo y la realidad, pero hoy, más allá del diagnóstico, la psicología busca promover el bienestar y el florecimiento (Seligman & Csikszentmihalyi, 2000).

Las terapias de tercera generación, como la Terapia de Aceptación y Compromiso (ACT), destacan la importancia de aceptar el dolor inevitable y vivir conforme a valores significativos (Hayes et al., 2006). La fe cristiana complementa esta perspectiva al ofrecernos un marco donde el sufrimiento es camino de crecimiento espiritual. San Pablo nos recuerda: "Ahora me alegro de mis sufrimientos por vosotros, y completo en mi carne lo que falta a las tribulaciones de Cristo" (Colosenses 1, 24).

La espiritualidad como camino de sanación

Anselm Grün, monje benedictino, ha explorado profundamente la conexión entre fe y psicología. En su libro *Jesús, sanador del alma* (1995), afirma: "Jesús no solo cura las enfermedades físicas, sino que también toca las heridas más profundas del corazón humano". Esta sanación integral se manifiesta en la oración, la meditación en la Palabra de Dios y la participación en los sacramentos. El Salmo 34, 19 nos consuela: "Cerca está Yahveh de los quebrantados de corazón, él salva a los espíritus hundidos".

La comunidad de fe como espacio de apoyo y sanación

Nadie se sana en soledad. La comunidad cristiana es llamada a ser refugio y consuelo. San Pablo nos exhorta: "Llevad los unos las cargas de los otros, y así cumpliréis la ley de Cristo" (Gálatas 6, 2). La psicología comunitaria confirma el valor del apoyo social en la recuperación de traumas (Hobfoll et al., 2007). Las parroquias y comunidades cristianas son lugares donde el amor se vuelve tangible, y bajo el mandamiento de amar al prójimo (Juan 13, 34), se ofrece consuelo y esperanza.

Conclusión: La necesidad de un enfoque integrador

La sanación integral necesita una visión que una la fe y la psicología. La fe nos da sentido y esperanza, y la psicología, herramientas prácticas para afrontar el sufrimiento. Como dice Anselm Grün: "Cuando la fe y la psicología se abrazan, el ser humano encuentra un camino hacia la paz interior y la plenitud"

(Grün, 2015). Este libro es una invitación a recorrer juntos ese camino, reconociendo que la sanación es un viaje donde la presencia amorosa de Dios y la comunidad nos acompañan.

CAPÍTULO 1: EN EL VALLE DE LA SOMBRA DE MUERTE

Tema: Acompañamiento en la depresión profunda: La promesa de la presencia divina

Salmo 23, 1 - 6

"El Señor es mi pastor, nada me falta. En verdes praderas me hace reposar, a las aguas de descanso me conduce, conforta mi alma. Me guía por sendas de justicia por amor de su nombre. Aunque camine por cañadas oscuras, ningún mal temeré, porque tú vas conmigo; tu vara y tu cayado me inspiran confianza. Preparas una mesa delante de mí, en presencia de mis enemigos. Unges mi cabeza con aceite, mi copa rebosa. La bondad y la misericordia me acompañarán todos los días de mi vida, y habitaré en la casa de Yahveh por largo tiempo."

En el camino sombrío de la depresión profunda, cuando la vida parece perder su sentido y la oscuridad se cierne sobre el alma, el Salmo 23 emerge como un faro de esperanza. "Aunque camine por cañadas oscuras, ningún mal temeré, porque tú vas conmigo", proclama el salmista, una promesa que resuena poderosamente en los momentos más oscuros de la existencia humana. La depresión no es solo un padecimiento emocional, sino un abismo existencial que deja a las personas atrapadas en una lucha interna, donde incluso el consuelo parece lejano. Sin embargo, la promesa divina de la presencia constante de Dios en este valle de sombra se convierte en un refugio que ofrece consuelo, sanación y una nueva perspectiva. A través de la vara y el cayado, símbolos de protección y guía, el Salmo nos invita a confiar en un amor que no abandona, incluso cuando la oscuridad parece envolverlo todo. En este capítulo, exploraremos cómo este acompañamiento divino puede ofrecer esperanza y restauración en medio del sufrimiento de la depresión profunda, iluminando el camino hacia la paz interior y la sanación integral.

1. La oscuridad del alma: Cuando la vida parece perder sentido

La depresión profunda es una experiencia devastadora que arrasa con la capacidad del ser humano para encontrar sentido en la vida. Es un estado de sufrimiento tan intenso que parece envolverlo todo en un vacío existencial que duele en lo más profundo del ser. Todo lo que alguna vez tuvo valor, aquello que antes ofrecía sentido, se desvanece, como si su esencia se hubiera diluido. Las personas que atraviesan este dolor se sienten desconectadas de sus emociones, de sus valores y hasta de sus relaciones más queridas, como si estuvieran atrapadas en un túnel sin luz ni salida. La vida parece convertirse en una carga insoportable, y hasta las promesas de paz y esperanza se vuelven difíciles de creer.

El "valle de la sombra de muerte", como lo menciona el Salmo 23, es una metáfora que refleja con precisión esta lucha interior. No se trata de una muerte física, sino de una muerte emocional y espiritual: una experiencia de desesperanza, una soledad tan abrumadora que el camino de la vida se percibe como un trayecto desolador, sin dirección ni sentido. Las sombras parecen rodear el alma, y la persona queda atrapada en una espiral de angustia, sin vislumbrar un final. En este abismo, el alma se siente como un desierto inhóspito, un lugar donde la luz parece haber desaparecido para siempre.

Desde la perspectiva de la psicología, la depresión es mucho más que tristeza. Es un desajuste profundo entre la persona y el mundo que la rodea. La psicóloga y terapeuta Bessel Van Der Kolk (2017) describe cómo este estado afecta no solo las emociones, sino también la percepción de uno mismo, de los demás y del entorno. La desconexión se manifiesta como una incapacidad para disfrutar, una sensación de inutilidad abrumadora y una visión distorsionada del futuro, teñida de sombras y desesperanza.

Pero la depresión no es simplemente un episodio de tristeza que pasa. Es un estado crónico de sufrimiento. La autora Teresa de Jesús Martínez (2021) lo expresa de manera conmovedora: "La depresión no es solo la tristeza, sino la ausencia de todo lo que da significado a la existencia". En este estado, lo que antes daba alegría se convierte en una carga, y las relaciones se ven empañadas por la desconexión. El futuro, antes lleno de posibilidades, se convierte en un horizonte oscuro.

Los estudios en neurociencia, como el de Treadway et al. (2020), revelan que las personas con depresión experimentan una disminución significativa en la actividad de las áreas cerebrales asociadas con el placer y la motivación. Esta falta de actividad explica por qué quienes sufren depresión se sienten incapaces de disfrutar incluso de aquello que antes les daba alegría. La anhedonia, la incapacidad para experimentar placer, es una característica distintiva de este estado, y es una manifestación tangible de la desconexión emocional que define la depresión.

El dolor de la depresión también se manifiesta a nivel espiritual. Muchos enfrentan una crisis de fe, cuestionando el propósito de la vida en medio del sufrimiento. En esos momentos, el "valle de la sombra de muerte" adquiere un significado profundo, ya que el alma siente que su relación con Dios está siendo puesta a prueba. La oscuridad parece total, y la presencia de Dios se siente lejana, como si hubiera desaparecido.

Sin embargo, en medio de esta oscuridad, el Salmo 23 ofrece una promesa cargada de esperanza: "Aunque camine por cañadas oscuras, ningún mal temeré, porque tú vas conmigo". Estas palabras nos recuerdan que la presencia divina no se limita a los momentos de luz, sino que también está en las noches más oscuras de la vida. Aunque la oscuridad parezca absoluta, la luz de Dios nunca se apaga, y su presencia constante se convierte en un faro de esperanza.

Desde la perspectiva cristiana, la depresión no es solo una crisis emocional y psicológica, sino también espiritual. La sensación de vacío y desconexión puede interpretarse como una llamada a reencontrar un propósito más profundo. El Salmo 23 nos ofrece una respuesta radical: incluso cuando todo parece perdido, Dios sigue siendo un compañero fiel que no abandona. Esta es una fuente inagotable de consuelo y esperanza para quienes buscan sanar.

Además, la presencia divina no es solo una teoría abstracta, sino una experiencia real. Como señala el teólogo José María Castillo (2020): "La experiencia de Dios no ocurre solo en la plenitud, sino que se vuelve especialmente palpable en la fragilidad y el sufrimiento". Dios no es un espectador distante, sino un compañero cercano que ofrece consuelo y sanación en medio del dolor.

Esta idea es apoyada por estudios sobre bienestar y espiritualidad. Pargament et al. (2017) encontraron que la espiritualidad tiene un impacto positivo en la recuperación de la depresión. Las personas con una relación activa con su fe experimentan mayor esperanza y resiliencia. La fe, en este sentido, es una base sólida desde la cual reconstruir el propósito y el sentido.

El Salmo 23 nos brinda una visión profundamente consoladora del proceso de sanación en medio de la depresión. Aunque la oscuridad parezca consumir el alma, la presencia constante de Dios es un faro que guía hacia la paz y la restauración. Esta promesa no es solo un consuelo teológico, sino una realidad que puede renovar el propósito y ofrecer un camino hacia la sanación integral.

2. La vara y el cayado: Símbolos de protección y consuelo

En el Salmo 23, uno de los pasajes más conmovedores de las Escrituras, el Salmista emplea dos símbolos profundamente significativos: la vara y el cayado. Para los pastores del antiguo Israel, estos instrumentos eran mucho más que simples herramientas de trabajo; representaban la protección y la guía amorosa que un pastor ofrecía a sus ovejas. Al reflexionar sobre estos símbolos en el contexto del sufrimiento humano, especialmente en la oscuridad de la depresión, encontramos un mensaje de esperanza: la presencia de Dios es un refugio constante que nos sostiene y guía en medio del dolor.

La Vara: Símbolo de Protección Divina

La vara, en el mundo bíblico, era una herramienta esencial para defender al rebaño de los peligros, especialmente de los depredadores. No solo era un instrumento de protección, sino también un recordatorio del compromiso y la responsabilidad del pastor hacia sus ovejas. De la misma manera, la vara simboliza la protección divina que ampara al creyente en los momentos de angustia. Así como el pastor defiende a sus ovejas, Dios defiende a los suyos contra el mal y la desesperación.

En el ámbito de la psicología contemporánea, la idea de protección se relaciona estrechamente con la necesidad de contar con una red de apoyo en tiempos de crisis. Un estudio de Cuijpers et al. (2019) revela que el apoyo social y emocional es crucial para la recuperación de la depresión, ya que ofrece los recursos necesarios para enfrentar la adversidad. La "vara" divina puede verse entonces como ese apoyo protector que tanto en el plano humano como espiritual brinda consuelo y esperanza. Cuando la soledad de la depresión abruma, la vara se convierte en la manifestación palpable de un Dios cercano que protege y guarda frente a los peligros de la desesperanza.

La psicóloga y teóloga Kathleen Norris (2018) nos recuerda que la protección divina abarca más que lo físico; también incluye lo emocional y lo espiritual. Dios, como el pastor, no es ajeno al sufrimiento de sus ovejas. Al contrario, su amor lo lleva a cuidarlas con dedicación, ofreciéndoles la seguridad que solo puede dar quien vela por aquellos a quienes ama. Esta comprensión ofrece una profunda esperanza al creyente que se siente sumido en la oscuridad.

El Cayado: Guía y Dirección Espiritual

El cayado, o bastón del pastor, tenía otro propósito igualmente vital: guiar y conducir al rebaño. No solo marcaba el camino seguro, sino que también ayudaba a las ovejas a no extraviarse. En el contexto de la depresión, el cayado simboliza la orientación divina que ofrece sentido y dirección cuando todo parece incierto. Representa esa guía constante que, aunque el camino sea oscuro, asegura que la mano de Dios nunca deja de señalar la dirección correcta.

Desde una perspectiva psicológica, la orientación en momentos de crisis es esencial para la recuperación. La terapia cognitivo-conductual, uno de los enfoques más efectivos en el tratamiento de la depresión, se basa en redirigir los pensamientos hacia patrones más saludables. Beck et al. (2016) señalan que este proceso actúa como un "cayado", ayudando al individuo a encontrar un camino de sanación cuando los pensamientos negativos amenazan con desbordarlo. Así, el cayado se convierte en un símbolo de la guía divina que nos conduce a través de las sombras hacia la luz.

La psicóloga Mary Pipher (2020) subraya que la depresión puede llevar a una desorientación profunda, donde todo parece incierto y confuso. En esos momentos, la oración, las Escrituras y la comunidad de fe se convierten en ese cayado que sostiene y guía al creyente hacia la restauración y el bienestar. Pipher nos recuerda que, en los momentos más oscuros, necesitamos algo que nos ofrezca luz y esperanza, y que nos permita dar un paso más hacia la sanación.

La Cercanía de Dios en la Crisis: Un Dios que No Abandona

La imagen del pastor en la tradición judeocristiana es una figura de ternura y cercanía. El pastor no solo cuida de sus ovejas; las conoce, las llama por su nombre y, cuando una se pierde, la busca incansablemente. En Mateo 18, 12-14, Jesús narra la parábola de la oveja perdida, que revela el corazón de un Dios que no abandona, sino que busca con amor y dedicación a quienes se han extraviado. En medio del sufrimiento, esta imagen es un recordatorio de que Dios sigue cerca, incluso cuando todo parece perdido.

El teólogo y filósofo Christian Scharen (2017) explica que en los momentos de sufrimiento profundo, como en la depresión, el creyente puede sentirse como una oveja perdida, desconectada y sola. Sin embargo, esta desconexión no significa que Dios haya abandonado. Al contrario, es precisamente en esos momentos cuando su búsqueda se hace más evidente, cuando su amor se despliega con más fuerza, guiándonos con su vara y su cayado.

La comunidad de fe también juega un papel crucial. Según Van Der Kolk (2017), la conexión social es uno de los factores más importantes para la recuperación de la depresión. La comunidad cristiana se convierte en una extensión de la vara y el cayado de Dios, ofreciendo acompañamiento, consuelo y dirección.

La Restauración de la Confianza: El Refugio de la Presencia Divina

El Salmo 23 también es un himno a la confianza. La vara y el cayado brindan seguridad en medio del sufrimiento, recordando al creyente que no está solo, que Dios está presente y lo guiará a través de los momentos más oscuros. La confianza en esta protección divina renace cuando el creyente experimenta esa presencia que no solo consuela, sino que también dirige.

Shapiro y Schwartz (2020) afirman que la confianza en el proceso terapéutico y el apoyo constante son fundamentales para la recuperación. Del mismo modo, la experiencia del amor protector de Dios reaviva la esperanza, permitiendo que el creyente vuelva a confiar en un futuro más luminoso.

En conclusión, la vara y el cayado no solo representan protección y guía, sino que son símbolos de la cercanía amorosa de Dios. En medio de la depresión y la desesperación, se convierten en el recordatorio de que nunca caminamos solos. La presencia divina es un refugio seguro, una fuente de esperanza inagotable que nos acompaña incluso en los momentos más oscuros.

3. La mesa preparada: Abundancia en medio del sufrimiento

Uno de los momentos más conmovedores del Salmo 23 es cuando se habla de la mesa que Dios prepara "en presencia de mis enemigos". Este acto no es solo un gesto de hospitalidad divina, es una declaración profunda: aun en medio del dolor y de la adversidad, Dios sigue derramando su gracia y consuelo sobre sus hijos. La mesa preparada no depende de las circunstancias, sino de la fidelidad inquebrantable de Dios. Incluso en la oscuridad más densa, Él nos ofrece paz y fortaleza. Es una visión radicalmente esperanzadora que nos recuerda que la vida, por muy rota que parezca, puede ser restaurada por la presencia divina.

La abundancia divina en medio de la oscuridad

La imagen de la mesa preparada "en presencia de mis enemigos" encierra un mensaje revelador. En la tradición israelita, compartir una mesa era símbolo de paz, aceptación y abundancia. Así, el Salmo 23 nos presenta una paradoja conmovedora: aunque el sufrimiento y la lucha sean reales, la generosidad de Dios es más poderosa. La protección divina supera cualquier adversidad. El sufrimiento no es negado, pero la presencia de Dios hace posible que haya paz, restauración y abundancia incluso en medio de las peores tormentas.

El sufrimiento humano es una experiencia universal que adopta muchas formas: física, emocional y espiritual. Viktor Frankl (2017), superviviente de los campos de concentración nazis, subrayó en su logoterapia la importancia de encontrar sentido en medio del sufrimiento. Frankl afirmaba que hallar significado en los momentos más oscuros no solo permite resistir, sino que transforma el dolor en crecimiento personal y espiritual. Así como una persona puede hallar consuelo en la fe, también puede descubrir una fortaleza interior al buscar propósito en las pruebas más duras.

El símbolo teológico de la mesa preparada

Desde una perspectiva teológica, la mesa preparada por Dios es una expresión de su amor infinito. Incluso cuando los "enemigos" nos rodean, Dios sigue proveyendo lo necesario para nuestra supervivencia espiritual. La presencia de la adversidad no limita la generosidad de Dios; al contrario, la mesa en presencia de los enemigos es un acto de reconciliación y esperanza. Louis Bouyer (2018) destaca que la Eucaristía es, como la mesa del Salmo 23, una fuente de paz y restauración, especialmente en tiempos de dificultad.

La Eucaristía como la mesa de abundancia

La mesa que Dios prepara se une de manera íntima al sacramento de la Eucaristía. En la Última Cena, Jesús ofreció pan y vino, símbolos de un amor sacrificial y generoso. La Eucaristía no es solo una comida, es una restauración integral de la relación con Dios. Al compartir este sacramento, los cristianos reciben alimento espiritual y fuerza para enfrentar las adversidades. Bouyer (2018) señala que la Eucaristía actúa como un recordatorio constante de que, incluso en las dificultades, los creyentes pueden encontrar consuelo y fortaleza en Dios.

La gratitud: una mesa de consuelo

La psicología positiva, liderada por Martin Seligman (2017), ha demostrado que la gratitud es una clave para el bienestar, incluso en el sufrimiento. Reconocer las bendiciones, aun en medio del dolor, ayuda a sanar. La gratitud es una forma de acercarse a la mesa que Dios ha preparado, permitiendo que el corazón se llene de paz y esperanza. Seligman argumenta que quienes practican la gratitud experimentan mayor satisfacción y resiliencia, descubriendo luz incluso en la oscuridad más profunda.

La abundancia espiritual como fuente de sanación

La abundancia que ofrece Dios no es solo material, es profundamente espiritual. La mesa preparada es una invitación a participar en esta abundancia que fortalece y transforma. La sanación espiritual no significa ausencia de sufrimiento, sino la capacidad de vivirlo con esperanza. Pipher (2020) afirma que encontrar belleza en el dolor es un acto de resistencia espiritual, una confianza profunda en que Dios está presente incluso en las pruebas.

La mesa preparada por Dios en el Salmo 23 es un símbolo poderoso de la abundancia que se ofrece en medio del sufrimiento. Como la Eucaristía, es un lugar de consuelo y restauración. Practicar la gratitud y reconocer las bendiciones permite a los creyentes experimentar la paz y la fortaleza necesarias para atravesar el "valle de la sombra de muerte" con esperanza y confianza.

4. La promesa de la presencia divina en medio de la oscuridad

Hay una promesa profundamente consoladora en el Salmo 23: la certeza de que incluso en los momentos más oscuros, la presencia divina nunca nos abandona. Cuando el salmista dice: "Aunque camine por cañadas oscuras, nada temo", está expresando una confianza absoluta en que Dios camina a su lado. La imagen del pastor, tan arraigada en la tradición judeocristiana, se convierte en un símbolo de protección amorosa, de guía y de consuelo. Pero esta promesa no es solo una declaración teológica; es también un bálsamo para el alma, con implicaciones que trascienden lo espiritual y tocan lo psicológico, lo social y lo emocional. En medio del sufrimiento, esta presencia ofrece un refugio, una fuerza que sostiene y da esperanza.

La promesa de la presencia divina: un consuelo teológico profundo

Hablar de la presencia de Dios en medio de la oscuridad no es meramente ofrecer alivio emocional; es afirmar una verdad central en la fe cristiana: Dios nunca abandona a sus hijos. Jesús, en el Evangelio de Mateo, hace esta promesa con palabras claras y directas: "Yo estaré con vosotros todos los días, hasta el fin del mundo" (Mateo 28,20). Estas palabras, lejos de ser una fórmula vacía, se convierten en ancla para quienes enfrentan dolor, tristeza o desesperación. Cuando todo parece derrumbarse, la certeza de que Dios está ahí —fiel y cercano— se transforma en una esperanza que no se quiebra.

El Salmo 23 nos muestra que esta presencia divina no es una idea abstracta, sino una experiencia real. "Tu vara y tu cayado me infunden aliento", dice el salmista, revelando cómo, incluso en las noches más largas, se puede sentir la mano amorosa de Dios que guía y sostiene. La "cañada oscura" no solo representa las dificultades externas, sino también esas sombras interiores que nos abruman en los momentos de sufrimiento. Y sin embargo, en medio de esa negrura, la luz de la presencia de Dios disipa el miedo, convirtiendo el dolor en una oportunidad para encontrar fortaleza y sentido.

La presencia divina frente a la soledad y el abandono

Pocas cosas duelen tanto como la sensación de soledad en medio del sufrimiento. La depresión, en particular, suele envolver a quienes la padecen en un manto de aislamiento, alejándolos de los demás y de sí mismos. Pero es precisamente ahí donde la promesa de la presencia de Dios cobra una relevancia vital. Aunque el mundo se vuelva frío y distante, la fe cristiana enseña que Dios permanece, cercano y atento. Su amor no se aparta, incluso cuando la desesperanza amenaza con devorarlo todo.

Viktor Frankl (2017), quien sobrevivió al horror de los campos de concentración, enseñó que encontrar sentido en el sufrimiento es lo que permite soportarlo. Para los cristianos, ese sentido se halla en la presencia inquebrantable de Dios, que transforma el dolor en ocasión de crecimiento. Saber que Dios está ahí, aun cuando todo parece perdido, puede dar nuevas fuerzas para seguir adelante. Su compañía, en esos momentos, no solo alivia, sino que renueva.

Acompañamiento en la depresión: la comunidad cristiana como extensión de la presencia divina

La promesa de la presencia de Dios no es únicamente una experiencia personal; se vive también a través de la comunidad cristiana. La Iglesia, como cuerpo de Cristo, se convierte en un instrumento vivo de la cercanía divina. La oración compartida, el acompañamiento pastoral y el amor fraternal hacen tangible la promesa de que Dios está presente. En tiempos de oscuridad, la comunidad se transforma en refugio, sostén y luz.

Hiltunen et al. (2020) destacan que el apoyo social dentro de un contexto de fe incrementa la sensación de pertenencia y esperanza en quienes atraviesan momentos difíciles. Así, la comunidad cristiana es un recordatorio constante de que Dios no nos deja solos. Cuando otros oran por nosotros, cuando escuchan nuestras penas o simplemente nos acompañan, se vuelve evidente que Dios está ahí, presente en cada gesto de amor y cuidado.

El Espíritu Santo como garante de la presencia divina

La presencia divina no es solo una compañía externa; habita también en lo más profundo de nuestro ser a través del Espíritu Santo. Jesús prometió no dejarnos huérfanos, y el Espíritu Santo es el cumplimiento de esa promesa: un Consolador que mora en el corazón de los creyentes, dándoles fuerza para resistir las pruebas de la vida. Como afirma el teólogo Jean-Dominique Soret (2021), el Espíritu no abandona, ni siquiera en los momentos de mayor desolación. Su acción es transformadora: no solo consuela, sino que infunde valor y esperanza renovada.

La presencia divina como fuente de esperanza

En medio del dolor, la promesa de la presencia divina es un faro que guía hacia la esperanza. El sufrimiento no tiene la última palabra. La fe cristiana proclama que la oscuridad no es eterna; la luz de Dios brilla siempre, incluso cuando no podemos verla. Esta esperanza no es abstracta ni teórica: se experimenta en la vida diaria, en la oración, en la comunidad y en la certeza de que Dios camina con nosotros.

Martin Seligman (2017), uno de los principales exponentes de la psicología positiva, subraya que conectar con un propósito trascendente fortalece la resiliencia. Para los cristianos, ese propósito se encuentra en la promesa de Jesús: "Yo estaré con vosotros todos los días". Es esta certeza la que permite enfrentar incluso las pruebas más duras con un corazón lleno de esperanza.

Conclusión: "La Luz que No Se Apaga: La Promesa de la Presencia Divina en la Oscuridad"

La promesa de la presencia divina en medio de la oscuridad no es solo un consuelo, es una verdad que sostiene y transforma. Dios, siempre presente, ofrece a sus hijos no solo compañía, sino una fuente inagotable de fortaleza y paz. En la comunidad, en la acción del Espíritu Santo y en la fe personal, los creyentes encuentran la seguridad de que nunca están solos. Así, aun cuando atraviesan las "cañadas oscuras", pueden caminar sin temor, porque saben que Dios está con ellos, guiándolos hacia la luz.

CAPÍTULO 2: "EL GRITO EN EL DESIERTO"

Tema: La experiencia del trauma: El silencio de Dios y la sanación interior

Mateo 27, 46-50

A la hora nona, Jesús gritó con fuerza: "Dios mío, Dios mío, ¿por qué me has abandonado?" Al oírlo, algunos de los presentes dijeron: "Este llama a Elías". Uno de ellos corrió a mojar una esponja en vinagre, la sujetó a una caña y le dio de beber. Pero los demás decían: "Déjalo, veamos si viene Elías a salvarlo". Jesús, dando de nuevo un fuerte grito, exhaló el espíritu.

El sufrimiento humano es, en su esencia, un misterio profundo y desgarrador. Enfrentar el dolor, especialmente cuando las respuestas parecen ausentes o incompletas, puede sumergir a una persona en una oscuridad emocional que pesa sobre el alma. En el Evangelio de Mateo, el relato de la crucifixión nos presenta a un Jesús que, en el clímax de su angustia, clama con un grito que resuena a lo largo del tiempo: *"Dios mío, Dios mío, ¿por qué me has abandonado?"*. Este grito no es solo el reflejo de un dolor físico insoportable, sino también el eco de una soledad espiritual tan profunda que conecta con lo más vulnerable de nuestra humanidad.

Este momento revela el abismo de la experiencia de Jesús: un trauma emocional y espiritual tan intenso que no solo estremece, sino que deja preguntas que tal vez nunca podamos responder del todo. Sin embargo, su grito también nos interpela y nos invita a reflexionar. En este capítulo, exploraremos cómo este *"grito en el desierto"* puede iluminar nuestra propia vivencia del sufrimiento y del trauma. ¿Podría el silencio de Dios, en lugar de ser un signo de abandono, convertirse en un espacio donde la sanación y la esperanza encuentren lugar para germinar?

1. El clamor del alma herida: enfrentar el sufrimiento sin respuestas inmediatas

El sufrimiento, en cualquiera de sus formas —físico, emocional o existencial—, es una experiencia universal que deja marcas profundas y transforma para siempre a quienes lo enfrentan. Desde la pérdida irreparable de un ser querido hasta una traición que quiebra el corazón, el trauma actúa como una herida que no solo sacude la estabilidad emocional, sino que también trastoca la manera en que la persona percibe el mundo y a sí misma. Con frecuencia, este dolor no trae consigo respuestas claras ni rápidas; en cambio, abre un abismo de incomprensión, de preguntas sin eco y de una desesperanza que parece no tener fin. De ahí surge el clamor humano: ese grito desgarrador que brota desde lo más profundo del alma herida, clamando por respuestas, por consuelo, por un sentido que ilumine la oscuridad.

El grito de Jesús en la cruz como expresión del sufrimiento humano

El grito de Jesús en la cruz, *"Dios mío, Dios mío, ¿por qué me has abandonado?"*, es uno de los momentos más conmovedores y profundamente humanos que recoge la tradición cristiana. En esas palabras, no solo late el sufrimiento físico extremo de la crucifixión, sino que también resuena una interrogante existencial desgarradora, vinculada a la relación más íntima entre el Hijo y el Padre. No se trata solo de un pedido de alivio, sino de la expresión de una soledad desgarradora, de una búsqueda de sentido en medio del abandono.

Ese grito de Jesús es un espejo de la experiencia más universal del ser humano: la de sentir, en el momento de mayor sufrimiento, que Dios está ausente. Es una pregunta que parece perderse en el vacío, una herida que no encuentra respuestas inmediatas. Y, sin embargo, en su humanidad, Jesús no esquiva la angustia. La enfrenta. La nombra. En ese acto de clamar desde el dolor, Jesús presta su voz a todas las personas que, a lo largo del tiempo, han sentido el silencio de Dios en medio del sufrimiento. Su grito, lejos de ser un signo de desesperación definitiva, es un acto profundamente humano, un eco de la lucha interior que enfrentamos al cargar con nuestro propio dolor.

El filósofo y teólogo Miroslav Volf (2018) destaca que, en los momentos de mayor angustia, el sufrimiento humano puede desencadenar una crisis de fe, especialmente cuando se confronta con lo que parece ser la ausencia de Dios. Para muchos, ese silencio divino puede ser aún más devastador que el sufrimiento mismo, incrementando la sensación de abandono. Este clamor, que nace de un corazón roto, revela esa confrontación dolorosa con una realidad implacable: a veces, las respuestas y el consuelo no llegan de inmediato.

La dimensión psicológica del trauma: cuando la pregunta "¿por qué?" no encuentra respuesta

Desde la psicología, el trauma puede entenderse como una fractura en la identidad y en la manera de percibir el mundo, dejando a la persona en un estado de vulnerabilidad profunda. Judith Herman (2018), en su influyente obra *El trauma y la recuperación*, describe el trauma como una experiencia que desestabiliza la seguridad interna de una persona, generando una ruptura en su manera de comprender el mundo y sus relaciones. El trauma no solo hiere, sino que cambia para siempre la forma en que la persona se conecta consigo misma y con quienes la rodean.

En momentos de trauma significativo, como el vivido por Jesús en la cruz, la pregunta "¿por qué?" se convierte en el núcleo de la experiencia del sufrimiento. Esta pregunta puede ser tan persistente como dolorosa, y a menudo representa un obstáculo emocional cuando no encuentra respuesta. Aunque específico en el caso de Jesús, ese clamor refleja la lucha interna de cualquier ser humano que atraviesa un dolor profundo: la necesidad de encontrarle un propósito al sufrimiento, de entender por qué la vida parece ensañarse de forma tan cruel.

Viktor Frankl (2020), en su icónica obra *El hombre en busca de sentido*, sostiene que un sufrimiento carente de sentido es capaz de destruir el espíritu humano. Según él, la clave para sobreponerse al dolor radica en descubrir un propósito que trascienda el sufrimiento. Ann Masten (2021), experta en resiliencia, complementa esta visión al argumentar que, incluso en los momentos más oscuros, las personas pueden encontrar formas de levantarse cuando logran conectarse con un propósito mayor. Así, aunque la pregunta "¿por qué?" no siempre reciba una respuesta directa, el proceso de búsqueda de sentido es indispensable para la sanación.

El trauma y la relación con Dios: la crisis de fe

Una de las consecuencias más profundas del trauma es la crisis de fe que puede provocar. Para quienes tienen una relación con Dios, el sufrimiento puede tornarse aún más insoportable si se percibe que Dios se ha alejado, que ha abandonado a quien tanto confía en Él. En el caso de Jesús, la cruz no solo fue un lugar de dolor físico y emocional, sino también de angustia existencial: una sensación de desamparo que amplifica el sufrimiento. Ese silencio de Dios transforma la cruz en un escenario de inmenso dolor, pero también en un espacio de transformación.

James K.A. Smith (2019) plantea que el sufrimiento y la crisis de fe no significan el fin de la relación con Dios, sino una invitación a explorar una conexión más profunda. Incluso en el dolor y el silencio, Dios puede estar ofreciendo una oportunidad para un encuentro renovado, aunque esto sea incomprensible en el momento. La crisis de fe no destruye la fe, sino que puede purificarla, redefiniendo la relación con lo divino en medio del sufrimiento.

Dorothee Sölle (2019) subraya que el clamor humano ante la aparente ausencia de Dios no es una señal de derrota, sino una forma de encuentro con lo divino. El grito de Jesús en la cruz, lejos de simbolizar una rendición, se convierte en un testimonio de la cercanía de Dios en los momentos más oscuros. El sufrimiento y el silencio divino, en lugar de contradecirse, pueden ser caminos para experimentar una presencia divina que va más allá de las respuestas inmediatas.

El grito como comienzo de la sanación

El clamor del alma herida, como el de Jesús en la cruz, no es solo un grito de dolor, sino el inicio de un proceso de sanación. En ese grito, la persona da voz a su vulnerabilidad y abre espacio para un encuentro transformador. El sufrimiento, aunque difícil de aceptar, es parte del camino humano y, enfrentado con autenticidad, puede acercarnos más a nosotros mismos, a los demás y a Dios.

En la psicología del trauma, Bessel van der Kolk (2017) explica que la sanación comienza cuando se permite que el dolor salga a la luz, cuando se enfrenta y se expresa, en lugar de reprimirlo o negarlo. De manera similar, en el ámbito espiritual, el grito y la pregunta "¿por qué?" se convierten en el terreno donde la fe se fortalece y se abre a nuevas formas de entender a Dios, incluso en medio del sufrimiento.

2. El silencio de Dios: un espacio para la reflexión y la esperanza

El sufrimiento humano, cuando se experimenta en su máxima

intensidad, lleva a las personas a enfrentarse con lo que parece ser la ausencia de respuestas divinas. Ese vacío, ese silencio, se convierte en uno de los mayores desafíos para quienes creen, sobre todo en los momentos de mayor dolor. En medio de esta experiencia, no recibir consuelo, claridad o una explicación puede generar una sensación de abandono que sacude las bases mismas de la fe. El silencio de Dios, malinterpretado, puede parecer una negación o un desinterés por el sufrimiento humano. Sin embargo, dentro de la tradición cristiana, este silencio se entiende como una oportunidad para reflexionar profundamente, purificar el alma y, finalmente, sanar. No es un signo de rechazo, sino una invitación a acercarse a Dios de una manera más auténtica y transformadora.

El silencio de Dios en la cruz: un testimonio de cercanía en el dolor

Uno de los momentos más conmovedores de la experiencia cristiana del sufrimiento humano es la crucifixión de Jesús. En el relato evangélico, vemos a Jesús enfrentando no solo un dolor físico insoportable, sino también el peso de la aparente ausencia de Dios. Cuando clama: *"Dios mío, Dios mío, ¿por qué me has abandonado?"*, ese grito profundo no solo expresa su agonía física, sino también la angustia de un alma desconcertada por lo que parece ser el silencio del Padre.

Sin embargo, como afirman algunos teólogos, este silencio no debe interpretarse como un abandono. Más bien, es una expresión suprema de cercanía. La teóloga Dorothee Sölle (2019) lo explica con claridad: *"El silencio de Dios en la cruz es la última forma de cercanía, un silencio lleno de compasión y amor."* No es un vacío sin sentido; es un silencio cargado de significado, que nos invita a entrar en un lugar donde el sufrimiento humano es abrazado por la divinidad de forma misteriosa. En ese silencio, Jesús no solo comparte el dolor humano, sino que lo transforma, mostrándonos que el amor de Dios no siempre necesita palabras para hacerse presente.

Henri Nouwen (2021) reflexiona también sobre este tema, señalando que el silencio de Dios en medio del sufrimiento puede ser una invitación a la introspección. Para Nouwen, este silencio no es ausencia, sino un espacio que desafía a las personas a acercarse a Dios desde la confianza y la entrega, dejando a un lado la necesidad de respuestas inmediatas. En este silencio, se nos llama a enfrentarnos con valentía a nuestro dolor y a descubrir una conexión más profunda con Dios, una que no se basa en certezas, sino en la fe.

El silencio divino como una invitación a la reflexión profunda

Cuando el sufrimiento despoja a una persona de certezas y la deja vulnerable, el silencio de Dios puede parecer insoportable. Sin embargo, como señala Nouwen (2021), este silencio no es un vacío sin sentido, sino un espacio de transformación. Es un lugar donde las palabras humanas quedan cortas, y donde el alma se abre a una comprensión más profunda del misterio del sufrimiento.

El teólogo James Martin (2019), en su libro *La soledad de Jesús*, describe este silencio como una forma en que Dios permite que el sufrimiento sea vivido de manera auténtica. En lugar de ofrecer respuestas inmediatas, Dios nos invita a enfrentar el dolor con honestidad, para redescubrir la fe desde una nueva perspectiva. Este silencio divino es, por tanto, una purificación que no solo nos ayuda a confrontar el sufrimiento, sino también a experimentar de manera más plena el amor y la cercanía de Dios.

El sufrimiento, en este contexto, no es un castigo ni un abandono divino, sino una oportunidad para acercarse a Dios desde la propia vulnerabilidad. El silencio se convierte en un lugar donde las expectativas humanas de consuelo inmediato son reemplazadas por una apertura a la trascendencia.

El vacío existencial: el sufrimiento como una puerta hacia la trascendencia

Desde una perspectiva psicológica, el silencio ante el sufrimiento puede verse como un vacío existencial. Viktor Frankl (2020), en su obra *El hombre en busca de sentido*, sostiene que este vacío no es simplemente algo negativo, sino una oportunidad para encontrar sentido y trascender. Frankl, al sobrevivir los horrores de los campos de concentración nazis, observó que quienes lograban descubrir un propósito en medio del sufrimiento tenían mayores posibilidades de superar incluso las circunstancias más extremas.

Frankl describe el "vacío existencial" como ese sentimiento de desesperación que surge en medio del dolor. Pero también lo ve como un momento para redefinir la vida, encontrando significado incluso cuando las respuestas no son claras. Desde esta perspectiva, el silencio de Dios se convierte en un espacio donde la persona puede enfrentarse a su dolor de manera honesta, y al mismo tiempo descubrir un propósito que trascienda el sufrimiento.

Así, el silencio divino deja de ser una ausencia para convertirse en una puerta hacia una transformación espiritual. Es un espacio donde el sufrimiento no solo se acepta, sino que se integra en un camino de trascendencia y redescubrimiento personal.

La sanación a través del silencio divino

El silencio de Dios, lejos de ser un signo de abandono, puede convertirse en un espacio de profunda sanación. En los momentos de mayor dolor, cuando las respuestas parecen inalcanzables, este silencio es una invitación a entrar en una relación más profunda con Dios. Una relación que no depende de consuelos rápidos, sino de una fe que se arraiga en la confianza radical en Su presencia.

Este silencio, aunque desafiante, nos llama a enfrentarnos al sufrimiento con valentía y apertura, dejando que, en el proceso, el dolor se transforme en un puente hacia una nueva comprensión del amor divino y del propósito humano.

3. Camino hacia la resurrección: sanar mediante el reconocimiento del dolor

El sufrimiento humano, especialmente cuando cala en lo más profundo, es uno de los temas más complejos y desgarradores en la teología cristiana, la psicología y la vida misma. La muerte de Jesús en la cruz y su grito de abandono nos confrontan con una verdad dura y poderosa: el sufrimiento puede ser una puerta hacia la sanación y la transformación. Jesús no solo vivió el sufrimiento físico, sino también el emocional y espiritual, abrazando el dolor de toda la humanidad. Este acto de confrontar el dolor no es una evasión, sino un testimonio de profunda aceptación, que abre el camino hacia la resurrección, entendida como un proceso de sanación interior.

El reconocimiento del dolor: el primer paso hacia la sanación

El grito de Jesús en la cruz, "Dios mío, Dios mío, ¿por qué me has abandonado?" (Mateo 27, 46), es una expresión, desgarradora de la vulnerabilidad humana. No se trata de un grito vacío de desesperación, sino de un acto valiente de reconocer la profundidad del dolor y el abandono. Jesús no evade esta realidad; la enfrenta plenamente. La teóloga Elizabeth Johnson (2019) señala que "Jesús, al gritar, no busca respuestas inmediatas, sino que abraza su dolor como una experiencia total, un puente para atravesar el sufrimiento hacia la esperanza".

Reconocer el dolor es el primer paso esencial para la sanación, tanto en el ámbito terapéutico como en el espiritual. Solo al aceptar y nombrar lo que se siente, es posible empezar a transformarlo. El sufrimiento no debe ser negado ni suprimido, sino integrado como parte de la experiencia humana. Judith Herman (2019), psicóloga y psicoanalista, subraya que el primer paso para sanar el trauma es reconocerlo, hablar de él y compartirlo con otros. Este acto permite que el sufrimiento no se convierta en una carga destructiva, sino en una experiencia que puede integrarse y transformarse en algo significativo.

Reconocer el dolor no es solo un ejercicio mental; es también un proceso profundamente emocional y espiritual. La psicoterapeuta Tara Brach (2021) destaca que aceptar el sufrimiento y estar plenamente presentes con él nos abre a una liberación interior. Según Brach, "el sufrimiento no puede evitarse, pero si lo aceptamos sin juicios ni defensas, encontramos una sanación profunda". Esta aceptación, lejos de ser resignación, es un acto de entrega que, en términos cristianos, puede interpretarse como compartir el sufrimiento de Cristo, permitiendo que se convierta en un camino de transformación.

El trauma como un medio para la transformación

El trauma, aunque devastador, no tiene por qué ser el final. Puede, en cambio, marcar el comienzo de una nueva manera de vivir y de relacionarnos con Dios y con los demás. Enfrentar el dolor de frente, aunque difícil, puede abrir un espacio de sanación que va más allá de lo físico y lo emocional, tocando también el alma.

Bessel van der Kolk (2021), en *El cuerpo lleva la cuenta*, explica que el trabajo con el trauma no es solo eliminar el dolor, sino integrarlo para recuperar la plenitud de la vida. Según él, "el trauma no desaparece, pero podemos aprender a vivir con él de manera que se convierta en parte de una historia más amplia y significativa". Este proceso permite que el sufrimiento se transforme en una fuente de crecimiento en lugar de una carga perpetua.

En el plano teológico, este proceso encuentra un paralelismo en la cruz de Cristo. Jesús no solo carga con su sufrimiento, sino que lo transforma en redención. Su muerte no es el final, sino el comienzo de la resurrección, un camino que nos invita a ver el dolor como un punto de partida hacia una vida nueva.

El camino hacia la resurrección: la promesa de una vida nueva

En la tradición cristiana, la resurrección no es solo un evento futuro, sino una realidad que empieza aquí y ahora, cuando permitimos que el sufrimiento sea transformado. René Girard (2020), en su reflexión sobre la violencia y la resurrección, plantea que el sufrimiento no es un castigo sin sentido, sino una oportunidad para trascenderlo y encontrar una nueva forma de vida. Para Girard, "la resurrección no es solo un acontecimiento futuro, sino una realidad presente que comienza cuando el sufrimiento se transforma en esperanza".

La resurrección es una promesa de vida renovada, una invitación a atravesar el dolor, reconociéndolo y entregándolo a Dios, para vivir una existencia marcada no por la desesperanza, sino por la confianza en que la vida, aunque transformada, continúa.

El sufrimiento como un medio para alcanzar una vida plena

Sanar a través del reconocimiento del dolor no implica eliminar el sufrimiento, sino darle un nuevo significado. La aceptación del dolor y su entrega a Dios son pasos esenciales hacia una transformación que abarca cuerpo, mente y espíritu. Este proceso es una reconfiguración profunda de cómo entendemos nuestra vida y nuestras heridas.

En el ámbito psicoterapéutico, Gabor Maté (2019) enfatiza que el sufrimiento, especialmente cuando proviene de traumas tempranos, puede obstaculizar la autenticidad y la plenitud. Sin embargo, al aceptarlo y reconocerlo, puede convertirse en el punto de partida para la curación y el crecimiento. Según Maté, "la sanación no borra el sufrimiento, pero le da un nuevo significado".

La sanación a través de la resurrección

La sanación interior no se trata de evitar el sufrimiento, sino de transformarlo. Al reconocer el dolor y entregarlo a Dios, se abre el camino hacia una vida nueva, marcada por la esperanza, la resiliencia y la promesa de la resurrección. Este camino no se limita a este mundo, sino que encuentra su plenitud en la vida eterna.

4. Reflexión sobre cómo el trauma nos confronta con la aparente ausencia de Dios, y cómo ese silencio puede convertirse en un lugar de sanación

El trauma, en su profundidad, es una de esas experiencias humanas que nos sacuden hasta la raíz, enfrentándonos con una paradoja desgarradora: la aparente ausencia de Dios. En esos momentos de sufrimiento extremo, cuando el dolor parece ahogar toda esperanza, el silencio divino puede sentirse como un vacío insoportable, como si la presencia que alguna vez fue nuestro refugio se hubiera desvanecido. Esta sensación puede llevar a una crisis de fe que desafía todo lo que creíamos saber sobre Dios y su cercanía. Sin embargo, tanto la teología como la psicología nos ofrecen una mirada esperanzadora: ese silencio no es un abandono, sino un espacio, una especie de umbral sagrado donde, paradójicamente, puede ocurrir una transformación.

Lejos de ser un signo de desesperanza, ese aparente vacío puede convertirse en el lugar donde nuestra relación con Dios se renueva y profundiza.

El trauma y la sensación de abandono divino

En el corazón de una experiencia traumática, es común sentir una soledad abrumadora, una sensación de haber sido abandonados por todos, incluso por Dios. Esta angustia existencial es devastadora, un eco que resuena en las profundidades de nuestra alma. Pero, como señala John Swinton (2018), ese sufrimiento, por insoportable que parezca, puede ser un punto de encuentro con una fe más honesta y auténtica. Es una fe que no se basa en el consuelo inmediato ni en la certeza, sino en una confianza radical en la presencia silenciosa de Dios, aunque parezca ausente.

Julia Kristeva (2019) describe este vacío como un encuentro radical con nuestro propio ser y con lo divino. Para ella, el trauma nos despoja, dejándonos frente a nuestras propias vulnerabilidades y miedos más profundos. Pero en ese despojo, se revela una oportunidad única: la posibilidad de experimentar a Dios de una manera más verdadera. "Es en la oscuridad del sufrimiento", afirma Kristeva, "donde encontramos las fuerzas para despertar a una nueva forma de fe y de relación con lo divino."

El grito de Jesús y nuestra identificación con su sufrimiento

Cuando Jesús clama desde la cruz: "Dios mío, Dios mío, ¿por qué me has abandonado?" (Mateo 27, 46), sus palabras tocan un nervio universal. En ese grito está encapsulada la experiencia humana del abandono, del silencio divino en medio del dolor. Pero ese momento no es simplemente un signo de desesperación; es también un acto de comunión. Jesús se identifica con nosotros, con nuestro sufrimiento más íntimo y desgarrador.

El teólogo Hans Urs von Balthasar (2018) lo describe como una unión profunda entre Jesús y la humanidad sufriente. Para von Balthasar, ese grito no es una señal de separación de Dios, sino una afirmación de su cercanía en los momentos más oscuros. "El silencio de Dios en la cruz no es un abandono", escribe, "sino una forma de unión profunda con los que sufren. En su aparente ausencia, Él está más cerca que nunca." Este misterio desafía la idea convencional de que la presencia divina solo se percibe en la alegría o la tranquilidad. Al contrario, Dios está también en el sufrimiento, sosteniendo, acompañando y transformando desde el silencio.

La presencia silenciosa de Dios en el sufrimiento

En el abismo del trauma, la percepción de vacío puede convertirse en un espacio sagrado. Aunque la ausencia parece ser definitiva, ese mismo espacio puede ser el terreno fértil donde brota una fe renovada. Teresa de Ávila (2019) capturó esta idea al escribir: "Dios se encuentra en el silencio, y es en ese silencio donde el alma herida se encuentra con Él de manera más profunda."

Por su parte, Simone Weil (2017) plantea que ese aparente vacío no es una ausencia real, sino un espacio para aprender a confiar. Weil sugiere que este tipo de experiencia no marca el final del camino espiritual, sino un momento de purificación. En ese proceso, el alma se abre, reconociendo la posibilidad de una relación más íntima con lo divino.

El silencio como espacio de sanación

Desde la psicología, sabemos que el trauma fragmenta. Nos desconecta de nosotros mismos, de los demás, y a menudo, de Dios. La disociación y la sensación de aislamiento que acompañan al trauma pueden sentirse como una barrera insuperable. Pero investigaciones recientes, como las de Gabor Maté (2021), señalan que el trauma también puede ser una puerta. En esa vulnerabilidad que el trauma deja al descubierto, se esconde la posibilidad de una nueva relación con lo divino.

Maté explica que, aunque el dolor parece alejarnos de Dios, en realidad nos lleva a necesitarlo de un modo más profundo. Este espacio de vulnerabilidad se convierte en un lugar de sanación cuando aceptamos nuestro dolor y, al hacerlo, permitimos que Dios entre en nuestras heridas. "El trauma no elimina a Dios", afirma Maté, "sino que revela una nueva forma de relación con Él."

El proceso de sanación: del vacío a la presencia

La sanación espiritual comienza cuando dejamos de percibir el vacío como un abandono y lo reconocemos como un espacio de encuentro. En este contexto, el trauma puede ser como un desierto: un lugar de sequedad y desolación, pero también un lugar de purificación y transformación. Kathleen Norris (2017), al reflexionar sobre la espiritualidad del desierto, afirma: "El desierto, ese lugar de aparente vacío, es en realidad el lugar donde la presencia de Dios se hace más palpable."

Conclusión: La sanación en la presencia silenciosa de Dios

En el silencio del sufrimiento, en ese aparente vacío, se encuentra una oportunidad única para una transformación profunda. Lejos de ser un lugar de desesperanza, el trauma puede convertirse en el umbral donde el alma herida se encuentra con la presencia silenciosa de Dios. Teresa de Ávila lo expresó mejor que nadie: "Es en el silencio donde el alma herida encuentra a Dios de la manera más profunda y auténtica."

El sufrimiento, aunque nos despoja, no elimina a Dios. Por el contrario, abre un espacio donde podemos experimentar su amor de una forma nueva y transformadora. En ese misterio, el silencio deja de ser ausencia y se convierte en comunión.

CAPÍTULO 3: "NO TEMAS, YO ESTOY CONTIGO"

Tema: Ansiedad y confianza: Del temor al abandono en las manos de Dios

Isaías 41, 10-14

No temas, que yo estoy contigo; no te angusties, que yo soy tu Dios; te he fortalecido, te he ayudado, te he sostenido con mi diestra victoriosa.
Miren, se avergüenzan y confunden todos los que se encolerizan contra ti; se van a reducir a nada, los que litigan contigo perecerán.
Buscarás a los que contienden contigo, y no los hallarás; serán como nada, los hombres que te hacen guerra.
Porque yo soy el Señor, tu Dios, quien te sostiene de tu mano derecha y te dice: "No temas, yo te ayudo".
No temas, gusano de Jacob, ¡no tengas miedo, resto de Israel! Yo te ayudo, dice el Señor, el Santo de Israel es tu Redentor.

La ansiedad, ese peso silencioso que se ha intensificado en nuestra época, encuentra un bálsamo en las Escrituras, donde Dios se revela como la fuente inagotable de consuelo y fortaleza. En Isaías 41, 10-14, se nos entrega una promesa que resuena con poder y ternura: *"No temas, yo estoy contigo"*. Estas palabras, cargadas de amor y seguridad, se convierten en un faro para quienes enfrentan el abrumador oleaje de la ansiedad, recordándonos que el miedo y la angustia no tienen la última palabra. Son experiencias reales, sí, pero también transitorias, y pueden ser transformadas cuando aprendemos a descansar en la presencia fiel y constante de Dios.

Este capítulo se sumerge en la experiencia de la ansiedad: cómo se manifiesta en nuestras vidas, cómo el caos puede encontrar calma bajo la mano amorosa de Dios, y cómo es posible convertir el temor paralizante en una fe que actúa y avanza. Se nos extiende una invitación íntima y poderosa: encontrar en Dios un refugio permanente, donde el alma inquieta pueda descansar, y desarrollar una fe viva que no solo consuele, sino que también libere y transforme. Es una llamada a descubrir que, aun en medio de la tormenta, Su promesa permanece: *"No temas, yo estoy contigo"*.

1. El rostro del miedo: cómo se manifiesta la ansiedad

La ansiedad, esa emoción tan humana y compleja, afecta profundamente tanto al cuerpo como a la mente, y en las últimas décadas ha ido ganando terreno en nuestra sociedad. Vivimos en un mundo globalizado, atravesado por inestabilidad política, económica y social, que deja a muchas personas atrapadas en una creciente sensación de inseguridad. Este clima de incertidumbre se traduce en ansiedad: una experiencia emocional que puede ir desde una preocupación constante hasta ataques de pánico que, en sus formas más intensas, llegan a interferir significativamente en la vida cotidiana.

La ansiedad: una respuesta natural ante la amenaza

Desde una perspectiva psicológica, la ansiedad no es algo antinatural. Es, de hecho, un mecanismo profundamente humano, una reacción fisiológica diseñada para protegernos ante posibles amenazas. Este reflejo de *lucha o huida* está grabado en nuestra evolución, habiendo sido crucial para la supervivencia. Pero cuando este sistema se activa de manera desproporcionada o constante, incluso en ausencia de una amenaza real, la ansiedad se transforma en un peso que afecta la calidad de vida.

En estos momentos, el cuerpo entra en alerta: el corazón se acelera, el sudor brota, la respiración se entrecorta y los músculos se tensan. Mientras tanto, en la mente se desencadenan pensamientos catastróficos, anticipaciones sombrías y una incapacidad para encontrar calma. Según el psicoterapeuta Gabor Maté (2021), "la ansiedad es una respuesta al estrés crónico que a menudo tiene raíces en experiencias tempranas de inseguridad emocional". Esto nos revela que no solo es una respuesta al presente, sino que a menudo está profundamente entrelazada con heridas del pasado que permanecen abiertas, esperando ser reconocidas y sanadas.

Las investigaciones también señalan que la ansiedad tiene vínculos con disfunciones neurobiológicas, como desequilibrios en los neurotransmisores que regulan el estrés y las emociones. En especial, el papel de la amígdala, la región del cerebro que detecta el peligro, es crucial en este proceso. Cuando esta área no funciona correctamente, incluso las situaciones cotidianas pueden percibirse como amenazas abrumadoras (Cohen, 2020).

El miedo y el control: ¿por qué la ansiedad es más prevalente en tiempos de incertidumbre?

La ansiedad está íntimamente conectada con la percepción de pérdida de control. En momentos de incertidumbre, cuando sentimos que no podemos influir en los eventos que afectan nuestras vidas, la ansiedad florece como una respuesta a esa sensación de vulnerabilidad. La psicóloga Karen Horney (2018) explicó que esta emoción surge de una inseguridad profunda, nacida de la incapacidad de prever o dominar los resultados de la vida. Este sentimiento de impotencia nos lleva a preocuparnos de manera constante, atrapándonos en un ciclo de temor que puede llegar a paralizarnos.

El filósofo Søren Kierkegaard (2019), en su obra *El concepto de la angustia*, describió este fenómeno desde un ángulo existencial. Para él, la ansiedad no solo responde a los peligros visibles, sino también a la vastedad de posibilidades y la libertad que la vida misma nos presenta. Este temor ante lo desconocido —ante la vida y el futuro— puede ser profundamente angustiante.

En nuestro mundo contemporáneo, vivimos inmersos en un constante caos: crisis climática, conflictos geopolíticos, incertidumbre económica. Estos factores, junto con la velocidad de los cambios tecnológicos y la sobreexposición a noticias alarmantes, han generado una ansiedad colectiva que trasciende al individuo y afecta a sociedades enteras (Joffe, 2018).

Ansiedad y fe: el temor a lo desconocido

El miedo y la ansiedad son, sin duda, experiencias humanas universales. Las Escrituras no evitan este tema; al contrario, lo abordan de manera directa. Incluso Jesús, en el momento de su pasión, experimentó miedo y angustia, mostrándonos que estos sentimientos no son ajenos ni siquiera a quien está más cerca de Dios (Mateo 26, 36-39). En el huerto de Getsemaní, enfrentando la inminencia de la cruz, Jesús nos deja ver su vulnerabilidad humana. Su oración refleja una lucha interna que culmina en una confianza total en la voluntad del Padre.

Este ejemplo nos invita a no huir del miedo, sino a enfrentarlo con fe, a creer que, incluso en medio de la oscuridad, Dios nos sostiene. Isaías 41, 10 nos ofrece un consuelo profundamente esperanzador: *"No temas, que yo estoy contigo"*. Estas palabras son un recordatorio de que, aunque la ansiedad y el miedo sean parte de nuestra experiencia, no caminamos solos.

El rostro del miedo en la sociedad contemporánea

La ansiedad no solo se manifiesta a nivel personal; también tiene una dimensión social y cultural. Según la Organización Mundial de la Salud (OMS, 2020), este es uno de los trastornos mentales más comunes en el mundo, afectando a millones de personas. La vida moderna, con su ritmo vertiginoso, sus exigencias inalcanzables y su exposición constante a estímulos, ha creado un caldo de cultivo perfecto para la ansiedad. Además, las redes sociales han amplificado este problema, alimentando comparaciones, expectativas irreales y temores sociales como el rechazo y la exclusión (Twenge, 2017).

En este contexto de ansiedad global, la fe cristiana se presenta como un refugio. No promete la ausencia de miedo, pero sí una transformación: convertir la angustia en una oportunidad para acercarse más a Dios. La invitación a *"no temer"* no niega la realidad del miedo, sino que nos impulsa a entregarlo a Dios, confiando en su gracia para convertir nuestra tormenta interior en paz.

La ansiedad, ese mecanismo natural que nos alerta ante el peligro, puede convertirse en un peso insoportable cuando se descontrola. En un mundo cargado de incertidumbre, su prevalencia ha crecido, dejando a millones de personas atrapadas en un ciclo de miedo y estrés. Sin embargo, la fe cristiana ofrece una respuesta que trasciende: la promesa de que Dios camina con nosotros, incluso en nuestras batallas más oscuras.

Siguiendo el ejemplo de Jesús, somos llamados a enfrentar nuestro miedo con fe, confiando en que Dios, con su mano siempre extendida, nos sostiene. Y así, lo que parece un rostro imponente del miedo puede transformarse en un recordatorio de nuestra humanidad y, al mismo tiempo, en una oportunidad de acercarnos más a Dios, quien nos promete paz y esperanza en medio de la tormenta.

2. La mano de Dios: un sustento en medio del caos

El pasaje de Isaías 41, 10-14 no solo proclama la presencia constante de Dios, sino también Su acción tangible y transformadora en la vida de quienes confían en Él. "No te angusties, que yo soy tu Dios; te he fortalecido". Estas palabras son mucho más que un mensaje de consuelo; son una promesa viva, un llamado a encontrar fortaleza en el abrazo divino. En los momentos en que la ansiedad nos invade y parece que todo se desmorona, la mano de Dios se presenta como un refugio seguro y constante. Este mensaje resuena con una fuerza especial en los tiempos actuales, cuando la incertidumbre y la desesperación parecen ganar terreno en la experiencia humana. En esta reflexión, exploraremos cómo la mano de Dios no solo nos consuela, sino que nos restaura, permitiéndonos enfrentar las adversidades con esperanza renovada.

La presencia de Dios como refugio

El concepto de refugio en las Escrituras no es una idea abstracta ni distante. A lo largo de la Biblia, Dios se revela como un refugio verdadero para quienes sufren. En el Salmo 46, 1 leemos: "Dios es nuestro refugio y fortaleza, nuestro pronto auxilio en las tribulaciones". Estas palabras evocan una realidad palpable, una certeza de que Dios interviene de manera concreta en nuestras vidas cuando el dolor parece ser insoportable.

El teólogo Miroslav Volf (2017) lo describe con una profundidad conmovedora: "La presencia de Dios no es una presencia lejana, sino una cercanía palpable que transforma nuestra experiencia de dolor y sufrimiento". Para Volf, esta cercanía divina no es una simple metáfora, sino una realidad tan intensa y profunda como el propio sufrimiento humano. En el caos emocional o físico, en la ansiedad o en la soledad más abrumadora, el refugio de Dios no es un lugar para escapar, sino un espacio donde la vida sigue fluyendo, donde comienza la sanación.

El teólogo español José María Castillo (2019) va aún más lejos al afirmar que el refugio de Dios no se limita a aliviar el dolor inmediato: "Transforma el dolor en una oportunidad para descubrir una nueva forma de vivir". En esta perspectiva, la mano de Dios no solo calma el corazón ansioso, sino que lo invita a un encuentro íntimo y profundo con Él. Este encuentro transforma el sufrimiento en una experiencia de renovación y propósito, haciendo que el creyente descubra un sentido de vida más pleno.

La mano de Dios como restauración

La mano de Dios, que se extiende para sostenernos en nuestra ansiedad, no solo consuela, sino que también restaura. La ansiedad, tan ligada a la sensación de vulnerabilidad, puede transformarse cuando reconocemos que no estamos solos, que hay una fuerza superior que nos sostiene incluso en nuestras fragilidades. Esta restauración toca cada dimensión del ser humano, desde lo espiritual hasta lo emocional.

El psicoterapeuta Gabor Maté (2021) explica que "la ansiedad no solo es un síntoma, sino una señal de un desequilibrio más profundo en la relación entre el cuerpo y la mente". En este sentido, la intervención divina se convierte en un acto de restauración integral, alcanzando tanto las heridas del alma como las del corazón. La gracia de Dios no solo alivia el sufrimiento, sino que lo transforma en una oportunidad de sanación completa.

Desde la teología, Karl Rahner (2018) describe esta gracia con una belleza extraordinaria: "La gracia no se da para evitar el sufrimiento, sino para acompañar al ser humano en su proceso de sanación, restaurando su relación con Dios, con los demás y consigo mismo". La mano de Dios, entonces, no solo calma el temor, sino que restaura el equilibrio interno perdido en el caos emocional. Nos devuelve la paz, pero también nos llena de nueva vida y propósito.

La psicología de la fe: cómo confiar en medio del caos

Desde una perspectiva psicológica, la confianza en Dios actúa como un ancla en medio de la tormenta, ayudándonos a encontrar paz incluso en los momentos más difíciles. La ansiedad, una respuesta natural ante la percepción de amenaza, se disipa cuando el alma encuentra seguridad en algo más grande que ella misma. La fe se convierte en un recurso poderoso para navegar el caos, ofreciendo la certeza de que no estamos solos.

Kristin Neff (2018), psicoterapeuta, explica que la autocompasión y la fe en algo trascendental son herramientas esenciales para enfrentar el estrés y la ansiedad. La autocompasión implica tratarnos con la misma amabilidad y comprensión que ofreceríamos a un ser querido. En el contexto cristiano, esta actitud se entrelaza maravillosamente con la fe en Dios, quien nos ama y cuida con ternura infinita.

La fe activa, como señala Walter Brueggemann (2021), no es una simple resignación, sino un acto poderoso que nos llena de esperanza: "No temáis, que yo estoy contigo". Esta fe no niega la realidad del sufrimiento, pero sí nos permite verlo desde una perspectiva diferente, como parte de un proceso más grande de crecimiento y redención.

La mano de Dios, extendida en medio del caos, no solo nos consuela, sino que nos transforma. En Su presencia, el sufrimiento se convierte en una oportunidad para crecer, para encontrarnos con una fe viva y activa que renueva nuestro propósito. Su promesa de fortaleza y compañía es un refugio seguro, un lugar donde el dolor se alivia y la vida se restaura. A través de esta fe, aprendemos que, aunque la ansiedad y el miedo nos toquen, no nos definen. Porque, en última instancia, la mano de Dios siempre nos sostiene, guiándonos con amor hacia la sanación y la redención.

3. Transformar el temor en fe activa: herramientas para confiar

El miedo y la ansiedad, aunque profundamente humanos, pueden convertirse en una puerta hacia una fe activa, una fe que nace de la confianza absoluta en Dios. Esta fe no se conforma con esperar pasivamente a que las cosas cambien. Es una fe que camina, que se atreve, que encuentra su fuerza en la certeza de que Dios está presente, incluso cuando el desenlace parece incierto o lejano.

La oración como medio de transformación

La oración es un encuentro transformador con Dios, una herramienta capaz de convertir el temor en una fe viva. En ese espacio sagrado, el creyente no solo se enfrenta a sus miedos, sino que los deposita en las manos del Padre. Henri Nouwen (2017) lo describe con una profundidad conmovedora: "La oración transforma el miedo en paz", porque es un acto de entrega, un abandono confiado que permite sentir el amor y el consuelo de Dios incluso en medio de la vulnerabilidad.

La oración no es simplemente un conjunto de palabras; es un acto de fe, una oportunidad de liberar la carga que oprime el alma. Nouwen nos recuerda que, al orar, no solo pedimos ayuda, sino que experimentamos una paz que trasciende el entendimiento, esa certeza de que Dios está en control, incluso cuando no podemos ver el camino con claridad. James K. A. Smith (2019) complementa esta visión: "La oración cambia nuestra postura frente al miedo. De la inquietud pasamos a la calma, porque al orar nos colocamos en las manos de Aquel que es más grande que cualquier temor".

Aunque el miedo no desaparece de inmediato, la oración abre un camino hacia la transformación. Richard Foster (2020) lo explica con dulzura: "La oración constante no es solo una petición de soluciones, sino una práctica de entrega que nos permite experimentar la presencia divina y la fortaleza interior necesarias para enfrentar lo desconocido".

El poder de la meditación

La meditación, especialmente en su enfoque cristiano, se ha convertido en una herramienta poderosa para encontrar serenidad en medio del caos. No es una simple técnica de relajación; es un viaje hacia lo profundo del corazón de Dios. Al meditar en Su Palabra, el creyente encuentra refugio, orientación y paz.

John Main (2017) describe la meditación cristiana con una claridad casi poética: "No es un escape del mundo, sino una manera de entrar más profundamente en el misterio de Dios y de nuestras propias vidas". En la quietud de la meditación, las preocupaciones del día a día pierden su peso, y la mente se reorienta hacia la presencia constante y amorosa de Dios. Thomas Keating (2018) añade que "la meditación cristiana ofrece un espacio para escuchar la voz de Dios y experimentar una paz que supera todo entendimiento".

Este acto de silencio no busca eliminar el miedo de golpe, pero cambia la forma de enfrentarlo. Al meditar en las promesas divinas, el creyente recuerda que Dios nunca abandona. Walter Brueggemann (2020) lo afirma con gran convicción: "La meditación en las Escrituras fortalece el corazón, capacitándolo para confiar en las promesas de Dios, incluso cuando el mundo parece derrumbarse".

La fe en acción: vivir según las promesas divinas

La fe activa es una fe que se mueve, que se manifiesta en decisiones concretas y valientes. Dietrich Bonhoeffer (2018) lo expresa con palabras llenas de desafío y esperanza: "La fe no es solo una creencia abstracta, sino un compromiso real con las realidades del mundo". Esta fe nos invita a confiar en la providencia divina, aunque no siempre veamos soluciones inmediatas.

Enfrentar el miedo con una fe activa es reconocerlo, pero no permitir que nos paralice. Es actuar con valentía, seguros de que Dios camina a nuestro lado. Como dice Bonhoeffer, "vivir en fe significa actuar según las promesas de Dios, confiando en que Él nos fortalecerá en el proceso".

La fe activa no solo transforma nuestra relación con el miedo, sino que también se refleja en nuestra relación con los demás. Es una fe que perdona, que sirve, que se entrega. Vivir según las promesas de Dios no significa tener una vida exenta de problemas, sino vivir con la certeza de que, en cada lucha, Él está presente, ofreciendo fuerza y esperanza.

Conclusión: Un refugio constante

La ansiedad y el miedo son parte de la experiencia humana, pero no tienen la última palabra. A través de la oración, la meditación y una fe que se traduce en acción, podemos enfrentar el temor con la certeza de que no estamos solos. Dios es nuestro refugio constante, nuestra paz en medio de la tormenta.

La fe activa no se trata de eliminar el miedo, sino de transformarlo, de redirigirlo hacia una confianza plena en Dios. Es una vida vivida en entrega diaria, en la certeza de que, incluso en el caos, Dios actúa, nos fortalece y nos guía hacia una vida más libre, plena y confiada.

CAPÍTULO 4: "LÁZARO, SAL FUERA"

Tema: Resurrección personal: Superar el estancamiento del alma tras la adversidad

Juan 11, 38 - 44

Jesús, profundamente conmovido, se acercó al sepulcro. Era una cueva, y tenía una piedra puesta sobre ella. Jesús dijo: "Quitad la piedra". Marta, la hermana del difunto, le respondió: "Señor, ya huele mal, porque lleva cuatro días". Jesús le dijo: "¿No te he dicho que si crees verás la gloria de Dios?". Entonces, quitaron la piedra. Jesús levantó los ojos y dijo: "Padre, te doy gracias por haberme escuchado. Yo sabía que siempre me escuchas, pero lo he dicho por el bien de la gente que está aquí, para que crean que tú me has enviado". Después de decir esto, gritó con voz fuerte: "¡Lázaro, sal fuera!". El muerto salió, con las manos y los pies atados con vendas y la cara envuelta en un sudario. Jesús les dijo: "Desatadlo y dejadlo ir".

La historia de la resurrección de Lázaro, narrada en el Evangelio de Juan, no es solo un relato de un milagro extraordinario, sino una invitación cargada de esperanza y transformación. Este pasaje no se limita a la vida que retorna al cuerpo de Lázaro; nos habla también de aquellas veces en que nuestra alma se encuentra atrapada en un sepulcro emocional, inmovilizada por las heridas, las pérdidas y las adversidades que parecen apagar nuestra luz interior. ¿Quién no se ha sentido alguna vez así, paralizado, con el corazón encerrado en un lugar oscuro del que parece imposible salir?

El llamado de Jesús a Lázaro, ese "¡Sal fuera!", resuena como un eco profundo que llega hasta las grietas de nuestra existencia. Es un grito de amor que atraviesa los muros de nuestro dolor y nos invita a liberarnos de las cadenas invisibles que nos atan. Es la voz de quien nos conoce, que ve nuestras heridas y nos recuerda que todavía hay vida más allá de ellas. No se trata solo de un milagro lejano; es también una invitación íntima a levantarnos, a enfrentar aquello que nos estanca y a redescubrir la plenitud que Dios sueña para cada uno de nosotros.

En este capítulo, nos adentraremos en ese camino hacia la resurrección personal, un proceso que toca lo más profundo de nuestra emoción, nuestra espiritualidad y nuestra psicología. Como Lázaro, todos tenemos vendas que necesitan ser desatadas: recuerdos que nos duelen, rencores que nos pesan o temores que nos frenan. Pero también, como él, tenemos la posibilidad de caminar de nuevo, guiados por una promesa de vida que nos sostiene.

A través de los próximos apartados, exploraremos cómo se vive este renacer interior. Reflexionaremos sobre la importancia de reconocer y expresar nuestro dolor, de atrevernos a soltar las ataduras del pasado, y de dar pasos concretos, aunque pequeños, hacia nuestra sanación y recuperación. Porque, al final, la historia de Lázaro no es solo suya: es la historia de todos nosotros. Es el recordatorio de que siempre hay esperanza, incluso cuando todo parece perdido. Es la certeza de que, en cada "sal fuera", Dios nos llama a vivir.

1. El llanto de Jesús: El valor de expresar el dolor

El Evangelio de Juan, al relatar la resurrección de Lázaro, nos regala una de las escenas más conmovedoras y humanas de toda la Biblia. Jesús, al acercarse al sepulcro de su amigo, se quiebra en llanto. Ese breve y profundo "Jesús lloró" (Juan 11, 35) es más que una frase; es una ventana directa al corazón del Señor. En ese instante, vemos a un Dios que no solo realiza milagros poderosos, sino que también se sumerge en el dolor de quienes ama, solidarizándose con sus heridas. Es una imagen que conmueve porque trasciende lo divino y abraza lo profundamente humano.

La muerte de Lázaro es un momento desgarrador, no solo para Marta y María, sino también para Jesús, que elige compartir su dolor y hacerlo suyo. En esas lágrimas, el Señor nos muestra que expresar el sufrimiento no es una debilidad, sino un acto valiente y necesario. Más aún, nos revela algo esencial sobre la naturaleza de Dios: un Dios que no se distancia de nuestra angustia, sino que la asume con nosotros.

El dolor humano y la divinidad: Una tensión reconciliada

En Jesús, lo humano y lo divino se encuentran, y su humanidad no es un detalle menor, sino el núcleo de su cercanía con nosotros. Sus lágrimas frente a la tumba de Lázaro nos recuerdan que incluso Él, siendo Dios, conoció de cerca el dolor, el miedo y la tristeza. Como lo explica el teólogo Richard Rohr (2019), "el dolor es una de las grandes oportunidades para encontrarnos con la humanidad de Dios". Estas palabras nos invitan a abrazar nuestras emociones, reconociendo que incluso en lo más oscuro, hay espacio para que Dios nos alcance.

Jesús no es indiferente ante la tragedia. Aunque sabe que resucitará a Lázaro, no evita el dolor del momento. Se permite llorar, no como un gesto superficial, sino como una conexión sincera con la condición humana. Este acto nos enseña que no hay atajos para enfrentar el sufrimiento; hay que transitarlo, vivirlo y, en ese proceso, dejar que transforme nuestra vida.

La importancia de expresar el dolor

Vivimos en una sociedad que a menudo reprime las emociones. En muchos contextos, llorar o mostrar vulnerabilidad se percibe como un signo de debilidad, algo que debe evitarse a toda costa.

Sin embargo, el ejemplo de Jesús nos dice lo contrario. Sus lágrimas nos muestran que el dolor necesita ser expresado para abrir el camino hacia la sanación.

La psicóloga Brené Brown (2018) señala que la vulnerabilidad es una fuente de fortaleza. En su obra *El poder de la vulnerabilidad*, argumenta que aceptar y compartir nuestro dolor nos conecta con los demás, nos fortalece emocionalmente y nos prepara para enfrentar los retos de la vida con mayor resiliencia. Walter Brueggemann (2017) también destaca que el sufrimiento no debe ser evitado, sino comprendido como una parte fundamental de nuestra existencia humana y espiritual.

Cuando reprimimos el dolor, nos desconectamos de nosotros mismos, atrapándonos en un estancamiento emocional que nos impide avanzar. El psicólogo Paul Tournier (2020) describe el sufrimiento como "una llamada a la transformación". Dejar que nuestras lágrimas fluyan no es rendirnos al dolor, sino aceptar su invitación a crecer y renovarnos.

El proceso de sanación a través del llanto

Llorar no es solo una expresión de tristeza; es un acto liberador que nos permite iniciar un proceso de restauración. Cuando negamos nuestras emociones, el peso del sufrimiento se acumula en nuestra mente y cuerpo, llevándonos a un desgaste profundo. Sin embargo, al dejarlas salir, abrimos la puerta a la sanación.

Kristin Neff (2018) subraya que la autocompasión y la aceptación de nuestras emociones dolorosas son esenciales para sanar. Las lágrimas, como las de Jesús, no son solo un signo de tristeza, sino una herramienta transformadora. En ellas, encontramos un puente entre nuestro sufrimiento y la gracia de Dios, quien nos acompaña y nos fortalece para seguir adelante.

Así como la resurrección de Lázaro fue un paso hacia una vida nueva, nuestras lágrimas pueden marcar el comienzo de una transformación profunda. No se trata de regresar al pasado, sino de caminar hacia una vida renovada y plena.

El valor de la empatía: Jesús como modelo

Jesús no solo llora por Lázaro; también comparte el dolor de Marta y María, mostrando una empatía que trasciende palabras. En su humanidad, nos enseña que el sufrimiento compartido se aligera. Como dice Miroslav Volf (2017), "la empatía no elimina la causa del sufrimiento, pero al compartirlo, lo transforma".

Este acto de Jesús nos invita a acercarnos al dolor de los demás y permitir que otros se acerquen al nuestro. En esa cercanía, las cargas se vuelven más ligeras y las heridas comienzan a sanar. Jesús nos muestra que la verdadera fortaleza radica en acompañarnos unos a otros, en compartir nuestras lágrimas y nuestra esperanza.

El llanto como puerta a la resurrección

Las lágrimas de Jesús ante la tumba de Lázaro son un recordatorio poderoso de que la tristeza no debe ser reprimida, sino abrazada. En ellas encontramos un modelo divino y humano para enfrentar nuestro sufrimiento. Llorar no es un final, sino un principio; es el primer paso hacia la sanación y la resurrección personal.

A través del ejemplo de Jesús, aprendemos que la vulnerabilidad, la empatía y el coraje para enfrentar el dolor pueden transformarlo en una oportunidad de gracia. Nuestro sufrimiento, lejos de ser un callejón sin salida, se convierte en el umbral de una vida nueva. En cada lágrima compartida, descubrimos la promesa de que nunca estamos solos, y que, como en la historia de Lázaro, siempre hay esperanza para renacer.

2. Desatar las vendas: Romper con el pasado que ata

Cuando Jesús resucitó a Lázaro, proclamó una orden que resuena profundamente: *"Desatadlo y dejadlo ir"* (Juan 11, 44). Estas palabras no solo instruyen a liberar físicamente a Lázaro de las vendas que lo envolvían, sino que nos invitan a mirar más allá, hacia el significado profundo de romper con aquello que nos ata. Las vendas se convierten en el símbolo de las heridas emocionales, espirituales y psicológicas que nos mantienen cautivos, incluso después de experimentar una transformación, una nueva oportunidad o una sanación. Este acto de desatar es una llamada urgente a la liberación completa, un paso imprescindible para vivir de verdad.

Las vendas del pasado: heridas no resueltas

El pasado puede volverse un peso que carga nuestra alma e impide que avancemos. Los recuerdos dolorosos, los errores cometidos y las derrotas pueden envolvernos como vendas, atrapándonos en ciclos que dañan nuestra mente y espíritu. La psicóloga Judith Herman (2019) reflexiona que *"la recuperación de los traumas emocionales requiere tiempo y, sobre todo, el valor de enfrentar lo que duele"*. Para muchos, el pasado no es solo un eco lejano, sino una celda que nos priva de experimentar la libertad emocional.

Psicológicamente, estas vendas representan creencias limitantes que nos encierran en sentimientos de culpa, vergüenza o miedo. Daniel Siegel (2017), en su teoría sobre la integración interpersonal, explica que sanar implica aprender a desprendernos emocionalmente del pasado. Pero este desapego no significa borrar lo que sucedió, sino transformar nuestra relación con esos eventos para que dejen de ejercer poder sobre el presente.

La necesidad de soltar: perdón y reconciliación

Soltar las vendas requiere un acto valiente: el perdón. Perdonar a quienes nos han herido, y también perdonarnos a nosotros mismos, es un paso crucial para romper con el pasado. La escritora y terapeuta Desmond Tutu (2018) afirma que *"el perdón no es un signo de debilidad, sino de liberación"*. Perdonar no es justificar el daño recibido, sino elegir liberarnos del peso que implica sostener el resentimiento.

La reconciliación, por su parte, va más allá. Reconciliarse con el pasado significa aceptar que, aunque no podemos cambiar lo sucedido, sí podemos cambiar la forma en que nos relacionamos con ello. Este acto profundo de reconciliación abre las puertas a la verdadera libertad emocional, permitiéndonos vivir sin cadenas.

El poder de la oración como herramienta de sanación

La oración es mucho más que palabras dirigidas a Dios; es un acto de entrega, de soltar las cargas emocionales que nos agobian. Sylvia Keesmaat (2018), teóloga y escritora, expresa que *"la oración transforma el dolor en esperanza y el pasado en una oportunidad de redención"*. Cuando colocamos nuestras heridas en manos de Dios, le permitimos actuar con su amor y gracia, abriendo caminos para la sanación que nuestra propia fuerza no puede lograr.

Métodos prácticos para la liberación emocional

Para desatar las vendas del pasado, hay caminos prácticos que pueden guiarnos:

1. **Terapia psicológica**: Herramientas como la terapia cognitivo-conductual (CBT) y la terapia narrativa ayudan a las personas a resignificar sus experiencias, convirtiendo el

dolor en una historia de superación.

2. **Diálogo interno compasivo**: Kristin Neff (2018) enfatiza que la autocompasión es clave para sanar. Cambiar la crítica interna por palabras de amabilidad es un paso poderoso para liberarnos de la autoexigencia y el juicio.

3. **Rituales de liberación**: Actos simbólicos como escribir una carta a quien nos lastimó y luego quemarla pueden representar un paso tangible hacia el desprendimiento emocional.

4. **Prácticas espirituales**: La meditación cristiana, el *lectio divina* y la adoración eucarística son formas de abrir el corazón a la acción sanadora de Dios.

La transformación del sufrimiento en propósito

Viktor Frankl (2021) dijo que *"el sufrimiento deja de ser sufrimiento en el momento en que encuentra un sentido"*. Desatar las vendas no solo implica liberarse del pasado, sino encontrar en el dolor una fuente de fortaleza y propósito. Cada herida sanada puede convertirse en una enseñanza, cada lágrima derramada en un río que alimenta nuestra capacidad de compasión y sabiduría.

Liberación hacia la vida plena

La resurrección de nuestras vidas no se completa hasta que rompemos con las vendas que nos atan al pasado. Jesús, al resucitar a Lázaro, no solo lo llamó a la vida, sino que aseguró su libertad al ordenar que lo desataran. Esta misma invitación nos hace hoy a nosotros: reconocer nuestras propias vendas, dejar ir el peso del pasado y caminar hacia una existencia más libre, plena y llena de esperanza. En este camino, el perdón, la reconciliación y la oración se convierten en aliados esenciales para romper con lo que fue y abrazar con valentía lo que está por venir.

3. Caminar hacia la vida: Pasos concretos para la recuperación

En el Evangelio de Juan 11, 43, Jesús llama a Lázaro con una frase que resuena en el alma: "Lázaro, sal fuera". Estas palabras no son solo una orden para que un cuerpo salga del sepulcro, sino una invitación poderosa a renacer, a abrazar la vida con todo lo que implica. Es un llamado al movimiento, a la transformación profunda. Resucitar, tanto emocional como espiritualmente, no se limita a liberarse del pasado; implica dar pasos concretos hacia una existencia más plena, más auténtica. En estas líneas exploraremos lo que significa caminar hacia la vida y cómo podemos integrar estrategias prácticas en este camino de recuperación.

El llamado a la acción: salir del sepulcro de la resignación

Ese "sal fuera" de Jesús es un grito que atraviesa el tiempo, una invitación para dejar atrás las sombras de nuestros sepulcros interiores: el miedo, la culpa, la desesperanza, la ansiedad. ¿Cuántas veces nos quedamos en esos espacios oscuros, creyendo que no hay salida? Johann Hari (2020) nos recuerda algo esencial: "El sufrimiento es inevitable, pero cómo respondemos a él define si quedamos atrapados o avanzamos hacia la sanación". El primer paso es aceptar que no estamos destinados a vivir prisioneros del dolor. Estamos hechos para salir, para avanzar.

El apóstol Pablo, en Filipenses 3, 13-14, nos invita a "olvidar lo que queda atrás y avanzar hacia lo que está delante". Este mensaje es una constante: la resurrección personal no ocurre de un momento a otro, sino que es un proceso dinámico que exige intención y perseverancia.

Los pilares de la recuperación: aceptación y cambio

Marsha Linehan (2020), creadora de la terapia dialéctico-comportamental, nos ofrece una enseñanza profunda: "Aceptar no significa resignarse, sino reconocer la realidad para poder transformarla". Así, caminar hacia la vida es un delicado equilibrio entre aceptar lo que hemos vivido y comprometernos a cambiar.

1. **Aceptación radical**: Implica mirar el dolor de frente, sin juzgarlo ni reprimirlo. Es permitirnos sentir para liberar.

2. **Cambio intencional**: A partir de esa aceptación, elegimos actuar. Esto puede traducirse en construir nuevos hábitos, establecer límites sanos o mejorar nuestras relaciones.

Hábitos para una vida plena y saludable

Caminar hacia la vida implica adoptar prácticas que nutran nuestro bienestar integral. Son los pequeños pasos, repetidos con constancia, los que nos llevan a esa transformación.

1. **Práctica de la gratitud**: Robert Emmons (2018) asegura que "la gratitud transforma lo que tenemos en suficiente y abre nuestros ojos a las bendiciones cotidianas". Llevar un diario de gratitud puede ayudarnos a reorientar nuestro enfoque hacia lo positivo.

2. **Meditación y oración**: Más allá de ser actos espirituales, estas prácticas son refugios de paz interior. Sylvia Keesmaat (2018) afirma que "la oración nos permite integrar nuestras emociones y encontrar dirección".

3. **Red de apoyo social**: No estamos hechos para caminar solos. Johann Hari (2020) lo expresa de forma clara: "La

conexión es el antídoto contra muchas formas de sufrimiento". Compartir nuestras luchas con otros aligera la carga y enriquece nuestro camino.

4. **Servicio comunitario**: Involucrarse en el bienestar de los demás nos saca de la introspección excesiva y llena nuestra vida de propósito.

Renunciar a la pasividad: el arte de la acción intencional

Recuperarnos emocionalmente significa renunciar a la resignación. Viktor Frankl (2021) nos recuerda que incluso en el sufrimiento más profundo, "siempre hay una elección: la actitud que tomamos frente a lo que vivimos". Cada acto, por pequeño que sea, tiene el poder de transformar nuestra historia.

La resurrección como proceso diario

Es vital entender que resucitar no es un instante mágico, sino un camino diario. Cada día es una nueva oportunidad para elegir la vida: para optar por la esperanza sobre la desesperación, el amor sobre el miedo, y la acción sobre la inercia.

El llamado de Jesús a Lázaro no es solo para él; es un llamado para todos nosotros. Salir del sepulcro, desatar nuestras vendas y caminar hacia la vida son actos de fe, de valentía, de confianza en que Dios nos sostiene en cada paso. La plenitud no llega de inmediato, pero llega cuando decidimos avanzar. Aceptar, cambiar y actuar son los pilares que nos conducen a una existencia significativa. Y, sobre todo, sabemos que no caminamos solos: Dios va con nosotros, guiándonos hacia una vida renovada y llena de propósito.

Conclusión: De sepulcro a vida

La historia de Lázaro es mucho más que un relato de un milagro impresionante; es un símbolo poderoso del renacer interior, de esa resurrección personal que todos necesitamos en algún momento de nuestras vidas. Cuando Jesús le dice a Lázaro "sal fuera", esas palabras no se quedan en un eco del pasado. Es un llamado que trasciende el tiempo, dirigido a cada uno de nosotros: a los que hemos sentido el peso del dolor, a los que nos hemos perdido en el sufrimiento, o hemos sentido nuestras almas atrapadas en la oscuridad de la desesperanza.

El llanto de Jesús, profundo y lleno de humanidad, nos recuerda algo esencial: el dolor no nos hace menos humanos. Al contrario, es una parte legítima y valiosa de nuestra experiencia, y abrazarlo, reconocerlo, es el primer paso hacia la sanación. Pero no basta con llorar; es necesario también desatar esas vendas que nos mantienen atrapados. Esas vendas que representan nuestras culpas, miedos, resentimientos y heridas. Liberarnos de ellas no es fácil, pero es liberador.

Cuando soltamos lo que nos ata, cuando dejamos atrás el peso de un pasado que ya no puede definirnos, damos lugar a algo nuevo: la posibilidad de caminar hacia una vida más libre y más plena. No se trata solo de sobrevivir, sino de tomar pasos concretos hacia una existencia que esté en sintonía con aquello que nos da sentido y propósito.

La resurrección personal no es un sueño inalcanzable ni una promesa vacía. Es una realidad al alcance de quienes están dispuestos a responder al llamado de Jesús. Porque ese llamado no es abstracto, no es una idea etérea: es un acto de amor que nos invita a la transformación más íntima, a la restauración de todo lo que creíamos perdido. Resucitar es posible, y caminar hacia la vida es nuestra respuesta a ese amor que nos impulsa a ser verdaderamente libres.

CAPÍTULO 5: "TEJIENDO ESPERANZA EN EL SILENCIO"

Tema: Sanación a través del tiempo y la paciencia en el proceso de duelo

Eclesiastés 3, 1-11

Hay un momento para todo y un tiempo para cada cosa bajo el cielo:
Tiempo de nacer y tiempo de morir,
tiempo de plantar y tiempo de arrancar lo plantado;
tiempo de matar y tiempo de sanar,
tiempo de destruir y tiempo de edificar;
tiempo de llorar y tiempo de reír,
tiempo de lamentarse y tiempo de danzar;
tiempo de arrojar piedras y tiempo de recogerlas,
tiempo de abrazar y tiempo de abstenerse de abrazar;
tiempo de buscar y tiempo de perder,
tiempo de guardar y tiempo de desechar;
tiempo de rasgar y tiempo de coser,
tiempo de callar y tiempo de hablar;
tiempo de amar y tiempo de odiar,
tiempo de guerra y tiempo de paz.
¿Qué provecho saca el que trabaja de su fatiga?

He visto la tarea que Dios ha impuesto a los humanos para humillarlos.
Él ha hecho todo hermoso en su tiempo y ha puesto la eternidad en el corazón del hombre,
sin que éste alcance a comprender la obra que Dios ha realizado de principio a fin.

El libro de Eclesiastés nos regala una reflexión profundamente conmovedora sobre el misterio del tiempo y su lugar en nuestra experiencia como seres humanos: "Hay un momento para todo y un tiempo para cada cosa bajo el cielo… Dios todo lo hizo hermoso en su tiempo" (Eclesiastés 3, 1-11). Estas palabras nos recuerdan que la vida, con todas sus alegrías y desafíos, está tejida en estaciones, y que cada una de ellas tiene un propósito único, aunque a veces nos cueste comprenderlo.

En el camino hacia la sanación emocional y espiritual, especialmente en los momentos de duelo, el tiempo se convierte en un aliado silencioso pero poderoso. Es un sanador discreto que no promete borrar el dolor de inmediato, pero sí nos guía, paso a paso, hacia la restauración de nuestro corazón herido. A través de la paciencia y la fe, el tiempo nos enseña a aceptar lo que hemos perdido y a descubrir la belleza oculta en cada etapa de nuestra vida, incluso en aquellas marcadas por el sufrimiento.

Este capítulo nos invita a mirar el tiempo no como un enemigo, sino como un compañero en el viaje de sanación. Al aceptar las estaciones del alma, desde las más luminosas hasta las más sombrías, y al cultivar una esperanza activa, podemos permitir que el tiempo nos transforme. Porque al final, en manos de Dios, cada momento puede volverse hermoso, incluso aquellos que alguna vez creímos insuperables.

1. El tiempo como sanador: paciencia en el proceso

El duelo es un proceso profundamente humano, que, por su naturaleza, se despliega a lo largo del tiempo. Vivimos en un mundo donde la cultura de la inmediatez nos empuja a buscar soluciones rápidas, a querer que las respuestas lleguen de manera instantánea, pero cuando se trata del dolor, la experiencia de perder algo o a alguien, todo se vuelve más desafiante. La sociedad de hoy, con su frenético ritmo, nos exige superar rápidamente las tragedias y las pérdidas. Sin embargo, la sanación emocional y espiritual no puede ni debe apresurarse. Requiere tiempo, y el tiempo, en su calma y profundidad, es el medio que permite al alma sanar sus heridas más profundas.

El duelo como proceso no lineal

El duelo, en su complejidad, no sigue una ruta recta. Es un viaje que avanza y retrocede, un proceso lleno de altibajos, donde cada paso está marcado por una emoción diferente. Según Kübler-Ross y Kessler (2019), el duelo es una travesía impredecible, un camino donde las emociones fluctúan constantemente. La tristeza, la ira, la negación, la desesperación, incluso los momentos de paz, se entremezclan sin seguir un orden determinado. Es común que quienes atraviesan esta experiencia se frustren al no poder controlar sus emociones, especialmente cuando el mundo espera que todo se resuelva pronto, como si el sufrimiento pudiera ser superado en un abrir y cerrar de ojos.

La psicóloga Susan David (2016), en su trabajo sobre la agilidad emocional, nos recuerda que tratar de forzar el proceso de duelo solo prolonga el sufrimiento. Rechazar los sentimientos, negar el dolor o apresurarse por encontrar respuestas inmediatas solo alarga la angustia, ya que las emociones reprimidas se manifestarán de formas inesperadas, generando más ansiedad. David explica que aceptar activamente las emociones dolorosas permite que se integren naturalmente al proceso de sanación. Por lo tanto, la paciencia no es solo una virtud durante el duelo, sino una necesidad para avanzar en la curación.

Neurociencia y adaptación emocional

Desde la neurociencia, sabemos que el duelo está íntimamente relacionado con cómo nuestro cerebro y sistema nervioso responden a la pérdida. La ciencia ha demostrado que el cerebro necesita tiempo para adaptarse a nuevas realidades emocionales, especialmente cuando se trata de la reconfiguración de las conexiones neuronales que involucran nuestras emociones. Siegel (2017) nos explica que la integración emocional solo ocurre cuando damos tiempo al cerebro para procesar el dolor, para que el sistema nervioso se ajuste a una vida nueva sin la presencia física del ser querido.

Este proceso de adaptación significa que el cerebro forma nuevas asociaciones y reconoce gradualmente la realidad de la pérdida. Si intentamos apresurarlo o interrumpirlo, el sistema nervioso no tendrá la oportunidad de reorganizarse de manera adecuada. En lugar de pasar por una transformación completa, podríamos quedarnos atrapados en la negación o en una angustia interminable. La paciencia, entonces, no solo facilita la curación emocional, sino que es esencial para reestructurar la biología cerebral y asegurar el bienestar a largo plazo.

Paciencia y transformación personal

Psicológica y espiritualmente, la paciencia desempeña un papel fundamental en la transformación personal. La sanación no consiste simplemente en "superar" la pérdida, sino en integrar el dolor y la ausencia en una vida nueva y transformada. Según el psicoterapeuta Paul Tournier (2020), el sufrimiento puede ser un camino de crecimiento espiritual y personal si lo vivimos con la disposición de aprender de él. Este enfoque nos invita a permitir que el tiempo y el proceso natural del duelo sigan su curso, sin forzar una conclusión prematura. Tournier señala que la sanación es un viaje hacia una nueva comprensión de uno mismo, un viaje que no puede ser apresurado, ya que cada etapa tiene un propósito único en el desarrollo personal.

La paciencia, entonces, se convierte en una clave esencial para la sanación. Nos permite integrar los aspectos más profundos de nuestro ser, no solo al reconocer el dolor, sino también al reflexionar y aprender de la experiencia del sufrimiento. Como subraya el teólogo Henri Nouwen (2019), el dolor vivido con paciencia no solo nos permite sanar, sino que también nos lleva a un mayor sentido de la vida y nos abre a una comprensión más profunda de la existencia.

La dimensión espiritual de la paciencia

En el ámbito espiritual, la paciencia tiene una dimensión que trasciende lo psicológico y lo fisiológico. En el proceso de duelo, la paciencia se convierte también en un acto de fe. En la tradición cristiana, esperar en el tiempo de Dios significa confiar en que hay un propósito divino detrás de la pérdida, incluso cuando no siempre podemos comprenderlo. La paciencia en el duelo es, entonces, un acto de entrega a la voluntad divina, un reconocimiento de que el sufrimiento tiene un propósito que va más allá de nuestra capacidad de comprenderlo de inmediato.

San Agustín, uno de los grandes teólogos de la Iglesia, profundizó sobre la relación entre sufrimiento y tiempo en su obra *Confesiones* (2020). Él enseñaba que "Dios da fuerza a los débiles en su tiempo perfecto", haciendo alusión a cómo Dios permite que atravesemos el dolor para llegar a una comprensión más profunda de nosotros mismos y de la vida. La paciencia espiritual es la capacidad de confiar en que, aunque no comprendamos el sufrimiento en el momento en que lo experimentamos, hay un plan divino que se revelará cuando llegue el momento adecuado.

La teóloga Sylvia Keesmaat (2018) también nos habla de la espera activa como una forma de rendirse a la gracia de Dios. Este acto de fe no es pasivo, sino que se convierte en una preparación espiritual para recibir la plenitud de la sanación cuando llegue el momento adecuado. En muchas tradiciones religiosas, la espera no es inacción, sino una preparación activa para el bien que vendrá. Así, la paciencia se convierte en un camino tanto espiritual como personal.

La sanación a través de la paciencia: un proceso de transformación

El duelo no debe ser apresurado, ni tampoco debe serlo la sanación. La sanación profunda requiere tiempo, reflexión y aceptación. El dolor no puede ser arrancado de inmediato; debe ser vivido, procesado y transformado. Como dice el filósofo y teólogo Paul Ricoeur (2019), el sufrimiento puede transformar nuestra identidad, pero solo si lo enfrentamos con paciencia y una disposición a aprender de él.

Este proceso de transformación personal requiere que estemos dispuestos a abrirnos a un futuro distinto, un futuro que llevará consigo la memoria de la pérdida, pero también el crecimiento que ha nacido de esa experiencia. La paciencia en el duelo es aceptar que cada paso en este proceso es esencial para alcanzar la sanación, y que no existen atajos en este viaje.

La paciencia, entonces, no es solo una forma de lidiar con el dolor; es un acto de aceptación de que el tiempo es esencial para sanar. Esperar con fe es confiar en que, aunque el camino sea largo y difícil, el tiempo nos llevará a una transformación profunda. Así como la naturaleza necesita tiempo para cambiar de estaciones, el alma humana necesita tiempo para pasar del invierno del dolor al verano de la paz. Este proceso, lleno de paciencia y confianza, es el camino hacia una vida renovada, un futuro más brillante, y una fe más fuerte.

En el viaje del duelo, el tiempo no es el enemigo; es el aliado que necesitamos para sanar. Con paciencia, tanto en lo psicológico como en lo espiritual, podemos atravesar el dolor y salir transformados. En un mundo que exige gratificación inmediata, aprender a esperar con fe y paciencia es una de las lecciones más importantes que podemos aprender. La sanación lleva su tiempo, pero con cada día que pasa, nos acercamos más a una vida renovada, llena de esperanza y paz.

2. El ciclo de la vida: aceptar las estaciones del alma

La vida humana es un viaje lleno de cambios y transiciones constantes, que se reflejan en la naturaleza que nos rodea. El libro de Eclesiastés nos invita a reconocer y aceptar esos ciclos: "Un tiempo para llorar y un tiempo para reír, un tiempo para lamentarse y un tiempo para danzar" (Eclesiastés 3, 4). Estos versos nos recuerdan que la vida se mueve en un ritmo constante de alegría y dolor, de calma y movimiento, y que nuestras emociones también siguen ciclos, como las estaciones del año. Así como el invierno cede paso a la primavera, nuestras almas atraviesan periodos de oscuridad y luz, de frío y calor, de siembra y cosecha.

Aceptar las estaciones del alma es comprender que tanto el sufrimiento como la alegría son momentos transitorios. Como bien afirma la psicóloga Susan David (2019), las emociones son pasajeras, y esa fluidez es lo que nos permite seguir adelante. Aceptar nuestras emociones no significa resignarse, sino permitirnos sentir cada una de ellas sin aferrarnos a ella ni apresurarnos a que desaparezca. Las emociones difíciles, como las estaciones del año, aunque intensas en su momento, también pasan, y en cada una de ellas hay una lección. Este enfoque no niega el dolor, sino que nos invita a aceptarlo como una parte esencial de nuestra experiencia humana, cuyo propósito solo se revela cuando le damos el espacio necesario para desarrollarse.

El duelo como invierno del alma

El duelo es uno de esos momentos en los que el ciclo de la vida se muestra de manera más clara y dolorosa. Es como un invierno en el alma, donde todo parece detenerse, como si el sol ya no brillara y las hojas de la vida cayeran al suelo, dejando un vacío profundo y un silencio pesado. El dolor se apodera de todo, y sentimos como si la vida misma hubiera cesado. Pero, como en la naturaleza, el invierno prepara el terreno para una nueva primavera. El invierno del alma es un tiempo de reposo, de reflexión, de duelo, donde aunque no se vea crecimiento, este ocurre en lo más profundo de nuestro ser. El psiquiatra y filósofo Viktor Frankl (2021), quien vivió el sufrimiento extremo, nos recuerda que incluso en estos momentos oscuros, podemos encontrar un significado que nos permita trascender el dolor y darle propósito a nuestra experiencia. Frankl nos enseña que la vida siempre tiene un propósito, incluso en medio del sufrimiento, y es nuestra capacidad para encontrar sentido en nuestras dificultades lo que nos permite superarlas y crecer a través de ellas.

El invierno del alma, a menudo asociado al dolor del duelo, también es un tiempo de introspección profunda. No solo es un proceso de sufrimiento, sino una oportunidad para revisar nuestras creencias, nuestros valores, y para prepararnos espiritualmente para lo que viene después del dolor. Al igual que las raíces de los árboles crecen en la oscuridad del suelo durante el invierno, nuestras raíces emocionales y espirituales se fortalecen en el silencio y la oscuridad del sufrimiento, aunque a veces no veamos señales inmediatas de crecimiento.

Aceptar el ciclo

Aceptar el ciclo de la vida es entender que la alegría también tiene su momento, y que, así como las estaciones cambian, nuestras emociones y nuestras circunstancias también cambiarán. Vivimos en una sociedad que constantemente nos impulsa a evitar el dolor, a buscar la felicidad inmediata y a mantenernos siempre ocupados. Sin embargo, como la naturaleza nos enseña, la vida incluye momentos de crecimiento y de descanso, de acción y de reflexión.

La aceptación de este ciclo es clave para nuestra resiliencia, como lo explica el neurocientífico Daniel Siegel (2017). La resiliencia no se trata de evitar el dolor, sino de aprender a vivir con él de manera saludable, entendiendo que el dolor no es un enemigo, sino una oportunidad para el crecimiento. El sufrimiento, aunque doloroso, trae consigo valiosas lecciones, y el desafío radica en no apresurar el proceso de sanación, sino en permitir que el tiempo haga su trabajo.

Desde una perspectiva espiritual, aceptar las estaciones del alma también es una forma de confiar en la providencia divina. En la tradición cristiana, el tiempo es considerado un regalo de Dios, un proceso en el que todo tiene su propósito. El Papa Francisco, en su encíclica *Laudato Si'* (2015), nos recuerda que la creación misma nos muestra que todo tiene su momento, su ritmo, y su propósito. Así como el sembrador espera pacientemente el tiempo de la cosecha, el cristiano debe aprender a confiar en que el tiempo de Dios es perfecto. No siempre entendemos por qué suceden ciertas cosas o por qué algunas estaciones del alma parecen durar más que otras, pero la fe nos invita a esperar con esperanza, sabiendo que, al final, todo se hará hermoso en su tiempo.

El ciclo de la vida en la sanación

A medida que atravesamos el proceso de duelo, es esencial recordar que la sanación no es un camino recto. Al igual que las estaciones, el proceso de curación tiene altibajos, momentos de avance y retrocesos. Hay días en que el dolor parece abrumador, pero también habrá días en que la luz y la esperanza regresen. Aceptar el ciclo de la vida es aprender a vivir con esos momentos difíciles, sin apresurarnos a que desaparezcan, pero también sabiendo cómo apreciar los momentos de alegría cuando se presentan. En su investigación sobre la resiliencia, la psicóloga Lucy Hone (2018) nos muestra que una de las claves para superar la adversidad es nuestra capacidad para experimentar y expresar las emociones difíciles, pero también para recordar que los momentos felices son igualmente reales y valiosos.

Así, el ciclo de la vida nos invita a aceptar no solo el dolor, sino también las bendiciones, sabiendo que ambas experiencias son necesarias para nuestro crecimiento y transformación. Al igual que el invierno da paso a la primavera, el dolor y el sufrimiento pueden abrir el camino a una nueva forma de vida, más rica, más profunda, y más consciente.

Aceptar las estaciones del alma es aceptar que la vida es un viaje que nos lleva a través de momentos de oscuridad y luz. Así como el tiempo cambia las estaciones de la naturaleza, el alma humana también transita por diferentes ciclos emocionales y espirituales. Aceptar estos ciclos nos permite atravesar el dolor con resiliencia, comprendiendo que el sufrimiento no es eterno, pero que tampoco lo es la alegría. Como bien dijo Viktor Frankl (2021), incluso en los momentos más oscuros, podemos encontrar un significado que le dé propósito a nuestra experiencia. Al aceptar el ciclo de la vida, aprendemos a vivir con paciencia, sabiduría y esperanza, confiando en que cada estación tiene su razón de ser y que, al final, todo se hace hermoso en su tiempo.

3. Encontrar sentido en la espera: esperanza activa

La espera, tanto en la tradición cristiana como en la psicológica, es mucho más que un simple lapso entre el sufrimiento y la sanación. En la vorágine de la vida moderna, a menudo se percibe como una molestia, un vacío que debe llenarse lo más rápido posible. Pero la verdadera esperanza activa nos revela algo más profundo: la espera no es tiempo perdido, es un espacio donde la vida se prepara, se transforma, y se renueva. No es simplemente sentarse y dejar que las cosas sucedan; es una actitud de fe que combina la certeza del futuro con acciones pequeñas y significativas en el presente.

La paradoja de la espera y la transformación

El Evangelio de Juan nos regala una imagen poderosa de lo que ocurre en este tiempo de espera: "Si el grano de trigo no cae en tierra y muere, queda solo; pero si muere, lleva mucho fruto" (Juan 12, 24). Esta metáfora no solo describe el sacrificio de Jesús, sino que refleja la dinámica de toda vida. Como el grano de trigo que necesita morir para dar fruto, nuestra espera también puede parecer un proceso de pérdida. Pero, en su aparente quietud, germina algo nuevo y fecundo, invisible a simple vista, que nos transforma profundamente.

Esta verdad teológica y psicológica nos enseña que tanto el sufrimiento como la espera son caminos necesarios para el crecimiento. Aunque el sufrimiento duela y la espera parezca interminable, ambos forman parte de una obra mayor. Como el grano de trigo, nuestras vidas, aunque parezcan detenidas, están siendo preparadas para dar fruto abundante, visible solo al final del ciclo.

Esperanza activa: una práctica diaria

La psicóloga Brené Brown (2018) nos recuerda que la esperanza no es algo pasivo. En *Daring Greatly*, define la esperanza como un acto de valentía cotidiana. No es solo desear que las cosas mejoren, sino comprometerse a seguir avanzando, incluso cuando no se tiene claro el camino. Esa esperanza activa se nutre de pequeños gestos diarios: pedir ayuda, cuidar de uno mismo, persistir en medio de las dificultades.

Enfatiza que la esperanza activa requiere abrazar el proceso, con todo lo que trae: los desafíos, las dudas y los aprendizajes. En experiencias como el duelo, esta esperanza no acelera el tiempo ni elimina el dolor, pero nos invita a transitarlo conscientemente, a aprender de él y a confiar en que, aunque no veamos aún el final, estamos sanando.

La esperanza cristiana: la presencia transformadora de Dios en la espera

Desde una perspectiva cristiana, la esperanza activa tiene una raíz aún más profunda: la certeza de que Dios está presente en nuestra espera. No es una promesa de soluciones inmediatas, sino la confianza de que, incluso en medio del dolor, Dios trabaja silenciosamente, transformando nuestro corazón. La teóloga Elizabeth Johnson (2018) lo expresa con claridad: "La esperanza cristiana no es una evasión de la realidad, sino una confianza profunda en que Dios está trabajando en lo oculto, transformando incluso el dolor en algo hermoso".

La oración, la meditación y la comunidad son pilares que sostienen esta esperanza. En la oración, nos conectamos con el misterio divino que nos recuerda que no estamos solos. La meditación nos abre al silencio donde Dios nos consuela. Y la comunidad nos brinda apoyo, recordándonos que somos parte de una historia más grande, tejida con paciencia y amor.

La importancia de la paciencia activa

La esperanza activa camina de la mano con la paciencia activa. No es esperar pasivamente que las cosas cambien, sino seguir avanzando, incluso cuando los frutos aún no se ven. El psicólogo Roy Baumeister (2018) describe la paciencia como una habilidad que se cultiva a través de pequeños actos de reflexión y contención. Cada momento de espera se convierte en una oportunidad para fortalecernos, prepararnos y abrirnos a lo que está por venir.

La dimensión espiritual de la espera

En última instancia, la espera tiene una dimensión espiritual que trasciende nuestras preocupaciones cotidianas. En la fe cristiana, la espera está íntimamente ligada a la expectativa del Reino de Dios. No es una huida de la realidad, sino una confianza radical en que Dios está obrando en todo, incluso en lo que parece vacío o doloroso. San Pablo nos recuerda: "La esperanza no defrauda, porque el amor de Dios ha sido derramado en nuestros corazones por el Espíritu Santo" (Romanos 5, 5).

Esta esperanza no nos quita las dificultades, pero nos permite enfrentarlas con un propósito, sostenidos por la certeza de que, al final, el amor de Dios triunfará.

El poder transformador de la esperanza activa

La esperanza activa es una fuerza que nos sostiene y nos impulsa. Nos invita a ser valientes en los momentos de incertidumbre, a dar pasos concretos hacia la sanación y a confiar en que Dios está trabajando, incluso en lo oculto. Como el grano de trigo que debe transformarse, nuestras vidas también necesitan pasar por la espera y el cambio para dar fruto. Este tiempo, aunque desafiante, está lleno de propósito, de acción, y, sobre todo, de esperanza.

Conclusión: Tejer esperanza en el silencio

Tejer esperanza en el silencio es un arte delicado que se despliega a través de los senderos de la paciencia, la aceptación y la acción. Vivimos en un mundo donde todo se apresura, donde la gratificación instantánea parece ser el único propósito. En este contexto, aprender a cultivar esperanza en los espacios vacíos del dolor y la espera se siente casi como un acto de resistencia. Pero es justamente ahí, en esos lugares de aparente vacío, donde la vida encuentra su significado más profundo.

El tiempo, tal como nos enseñan tanto las tradiciones espirituales como los estudios psicológicos, es un sanador silencioso. Su obra no se percibe de inmediato, pero es constante, transformando el dolor en aprendizaje y el sufrimiento en un crecimiento inesperado. No se trata de huir del sufrimiento, sino de entender que en él se forjan las raíces de nuestra resiliencia. Susan David (2019) nos recuerda que aceptar nuestras emociones es fundamental para la resiliencia, pues nos permite reconocer que incluso el dolor más profundo es parte de un ciclo. Como las estaciones, dice ella, "pasan, pero cada una tiene algo que enseñarnos" (David, 2019, p. 35). Esta perspectiva nos invita a mirar el dolor como un maestro, no como un enemigo, y a darle espacio para que haga su obra en nosotros, sin forzar el paso del tiempo.

Así como la naturaleza transita por sus estaciones, nuestras almas también atraviesan ciclos emocionales y espirituales. Estos ciclos nos enseñan que cada momento tiene su propósito, y que la vida no es una línea recta, sino un continuo renacer. Los estudios de Viktor Frankl (2021) refuerzan esta idea: incluso en los momentos más oscuros, es posible encontrar un significado que dé sentido a la experiencia. Frankl afirmaba que el sufrimiento deja de ser insoportable cuando descubrimos un propósito que lo trascienda. No se trata de negar el dolor, sino de encontrar en él un horizonte que lo convierta en algo más que una simple herida.

Aceptar estos ciclos emocionales no es lo mismo que resignarse. Es, en cambio, una forma activa de esperanza. Es la certeza de que, aunque el dolor parezca interminable, algo dentro de nosotros está cambiando, preparándonos para una nueva comprensión de la vida. Jürgen Moltmann (2017) lo explica con profundidad: la esperanza cristiana no es una vía de escape del sufrimiento, sino una confianza radical en que, incluso en la oscuridad más densa, Dios está obrando. No es una esperanza de soluciones rápidas ni promesas fáciles; es la convicción de que, aun cuando no veamos el horizonte, Dios está trabajando en el fondo de nuestra historia, transformando lo roto en algo lleno de vida.

Pero la esperanza no se detiene ahí; se convierte en una invitación a actuar. No es un esperar pasivo, sino un participar activo en el proceso de sanación. Brené Brown (2018) señala que la esperanza requiere valentía, una que se construye día a día en pequeños gestos de cuidado y perseverancia. Esos gestos nos recuerdan que cada paso cuenta, incluso cuando no vemos aún los frutos. La esperanza activa no se conforma con esperar, sino que avanza con fe, confiando en que cada acción, por pequeña que sea, tiene un propósito en el camino. Elizabeth Johnson (2018) añade que esta esperanza, arraigada en la fe cristiana, no niega la realidad del sufrimiento. En lugar de eso, la enfrenta con la confianza de que todo forma parte de un plan divino que, aunque a veces incomprensible, siempre busca nuestro bien.

Tejer esperanza en el silencio es, en esencia, un acto de transformación. Cada momento de dolor, cada paso en la incertidumbre, forma parte de un ciclo de muerte y resurrección que nos prepara para algo nuevo. Así como las estaciones nos muestran que la vida es un constante renacer, nuestras propias vidas son un testimonio de que la renovación es posible. La paciencia nos enseña a esperar sin perder la fe; la aceptación nos ayuda a caminar con serenidad, y la acción nos impulsa a avanzar, convencidos de que todo lo que vivimos tiene un propósito divino.

Al final, como nos recuerda el libro de Eclesiastés (3, 11): "Dios todo lo hizo hermoso en su tiempo". Aunque el tiempo de la espera pueda parecer interminable, podemos confiar en que, incluso en el silencio, Dios está obrando. Y es ahí, en lo lento y lo invisible, donde se gesta una sanación profunda que no solo nos restaura, sino que nos transforma en seres más completos, más humanos y, sobre todo, más cercanos a Él.

CAPÍTULO 6: "VENID A MÍ, LOS CANSADOS Y AGOBIADOS"

Tema: Estrés y agotamiento: El descanso espiritual como terapia para el alma.

Mateo 11, 28-30.

"Venid a mí todos los que estáis fatigados y sobrecargados, y yo os daré descanso. Cargad con mi yugo y aprended de mí, que soy manso y humilde de corazón, y hallaréis descanso para vuestros alma. Porque mi yugo es suave y mi carga ligera".

En un mundo que no se detiene, donde las exigencias laborales, familiares y sociales parecen no tener fin, el agotamiento ha dejado de ser una excepción para convertirse en una experiencia cotidiana para muchos. El alma, sobrecargada de responsabilidades y ansiedades, anhela un lugar donde pueda descansar y respirar. En este contexto de fatiga constante, las palabras de Jesús en Mateo 11, 28-30 resuenan como un bálsamo: "Venid a mí, todos los que estáis cansados y agobiados, y yo os daré descanso".

Esa invitación no es solo un consuelo, sino una promesa profunda para quienes se sienten consumidos por el peso de la vida. Es un llamado a encontrar refugio, no en soluciones temporales ni en escapes pasajeros, sino en una paz que trasciende las circunstancias. Este capítulo se adentra en el significado del descanso desde una mirada que une lo espiritual y lo terapéutico, explorando cómo el agotamiento impacta nuestra esencia más íntima y cómo el descanso que Jesús ofrece tiene el poder de sanar, restaurar y dar nueva vida al alma agotada.

1. El peso de las cargas: reconocer el agotamiento

El agotamiento no solo se ha normalizado, sino que parece inevitable. Sin darnos cuenta, relegamos el cuidado de nuestra mente, cuerpo y alma, dejando que el desgaste silencioso nos robe la capacidad de disfrutar la vida, desconectándonos incluso de quienes somos en lo más profundo.

El agotamiento no es solo una consecuencia del ritmo acelerado que llevamos; es una señal de alerta de que algo esencial se ha descuidado. Como señaló el psicólogo Herbert Freudenberger (2018), este proceso comienza con una sobrecarga emocional y de responsabilidades, avanzando hasta dejarnos sin energía, sin motivación, sin fuerzas para seguir adelante. Este "burnout", como lo denominó Freudenberger, es especialmente común en aquellas profesiones donde se entrega el corazón al servicio de otros: médicos, educadores, trabajadores pastorales. La paradoja es devastadora: mientras más damos de nosotros mismos, más nos arriesgamos a perdernos.

El agotamiento no solo se siente en el cuerpo. Sus raíces van más allá, tocando la mente y el alma. El estrés crónico puede erosionar nuestra memoria, nuestra capacidad de concentrarnos, nuestra habilidad para tomar decisiones claras (McEwen, 2019). Cuando estamos agotados, la vida cotidiana se convierte en una lucha, y las relaciones personales, que deberían ser refugios de amor y apoyo, se tornan distantes y frágiles. Es un vacío que no solo consume nuestras fuerzas, sino también nuestra esperanza, desconectándonos tanto de los demás como de nosotros mismos.

Desde la psicología, sabemos que el estrés prolongado activa de manera continua el sistema nervioso simpático, liberando cortisol, la hormona del estrés, y desencadenando efectos dañinos tanto físicos como emocionales (McEwen, 2019). Este ciclo parece una espiral sin salida: más demandas, más agotamiento, menos capacidad para enfrentarlas. Pero el daño no termina ahí. La desconexión también se extiende al ámbito espiritual, donde la fatiga puede hacer que Dios parezca distante, que la oración se sienta vacía y que la fe, en lugar de ser un consuelo, se perciba como otra carga más.

Reconocer el agotamiento

El primer paso hacia la sanación es detenerse, mirar el cansancio de frente y aceptarlo. Reconocer que estamos agotados no es un signo de debilidad, sino un acto de profunda humanidad. La psicóloga Susan David (2020) nos recuerda que aceptar nuestras emociones, incluso las más difíciles, como el estrés o la fatiga, es un gesto necesario para comenzar a sanar. No se trata de ignorarlas ni de combatirlas, sino de escuchar lo que tienen que decirnos y, desde esa comprensión, buscar una salida.

Admitir que estamos cansados es un acto de coraje, de humildad y de autocuidado. En un mundo que ensalza la resistencia y la fortaleza inquebrantable, aceptar nuestra vulnerabilidad puede parecer arriesgado. Pero, como dice Henri Nouwen (2019), es precisamente en esa vulnerabilidad donde encontramos consuelo. Reconocer el agotamiento abre un espacio para la gracia, para recibir ayuda, para descansar, para reencontrarnos con nosotros mismos y con Dios.

Jesús, en su infinita compasión, nos invita a este descanso. Sus palabras en Mateo 11, 28-30 son una promesa cargada de ternura: "Venid a mí todos los que estáis fatigados y sobrecargados, y yo os daré descanso". En esta invitación no hay juicios ni reproches, solo un llamado amoroso a dejar nuestras cargas en sus manos. Es un descanso que va más allá del cuerpo; es un alivio profundo para el alma, un refugio donde las heridas empiezan a sanar.

La conexión entre agotamiento y fe

Cuando el agotamiento invade nuestra vida espiritual, es fácil sentir que nuestra fe se tambalea. Pero incluso en medio de la fatiga, puede haber una oportunidad para crecer. Elizabeth Johnson (2018) nos recuerda que la esperanza cristiana no niega el sufrimiento, sino que encuentra a Dios en medio de él. En esos momentos de agotamiento, cuando nuestras fuerzas se desvanecen, la gracia de Dios se convierte en el sustento que nos sostiene y nos renueva.

El agotamiento también nos ofrece la oportunidad de replantearnos nuestras prioridades. En un mundo que idolatra la productividad, es fácil olvidar que nuestra paz no viene de los logros ni de los bienes materiales, sino del equilibrio, del amor, de la conexión con nosotros mismos, con los demás y con Dios (Borgmann, 2019). Al reconocer nuestro cansancio, comenzamos a buscar ese equilibrio perdido, a dejar de lado lo innecesario y a caminar hacia una vida más plena y auténtica.

El proceso de sanación

Reconocer el agotamiento no es el final, sino el comienzo de un proceso de sanación. Este camino no es sencillo ni rápido, pero es vital para reencontrarnos con nuestra energía, nuestra paz y nuestra fe. El descanso que necesitamos no es solo físico; es un descanso profundo que restaura nuestra alma, que nos devuelve al centro de quienes somos y nos permite recordar lo que realmente importa.

El descanso que Jesús nos ofrece no es una pausa momentánea, sino una renovación completa. Es una invitación a detenernos, a reflexionar y a redescubrir la belleza de la vida, a pesar de sus desafíos. Al acudir a Él con nuestras cargas, comenzamos a experimentar una transformación que nos permite vivir con más propósito, con más alegría, con más paz. Porque en su amor encontramos la fuerza para seguir adelante, renovados y llenos de esperanza.

2. El yugo suave: aprender la mansedumbre de Cristo

Jesús, con palabras llenas de ternura y verdad, nos extiende una invitación transformadora en Mateo 11, 29: *"Tomad mi yugo sobre vosotros y aprended de mí, que soy manso y humilde de corazón"*. Esta frase, que a primera vista parece sencilla, encierra un llamado profundo y esperanzador: adoptar una vida distinta, marcada por la mansedumbre, la humildad y la confianza plena en Dios.

El "yugo" que Jesús nos propone no es una carga aplastante; al contrario, es un camino hacia la verdadera libertad interior, un puente hacia el descanso que tanto anhelamos. En el mundo agrícola, el yugo es un símbolo de esfuerzo compartido, una herramienta que facilita la labor cuando se lleva junto a otro. Y así, bajo el yugo de Cristo, nuestras cargas ya no son solo nuestras; Él las lleva con nosotros, aligerando nuestro peso y llenándonos de equilibrio y paz.

La mansedumbre como virtud transformadora

La mansedumbre, entendida desde la fe cristiana, no es sinónimo de debilidad o resignación. Es, más bien, una fuerza interior que nos permite enfrentar los desafíos con serenidad, confiando en que Dios tiene un propósito incluso en lo que no entendemos. Elizabeth Johnson (2021) lo expresa maravillosamente: la mansedumbre de Cristo nace de una confianza radical en la providencia divina. No es pasividad ni conformismo, sino una entrega activa y consciente que nos libera de la necesidad de controlar cada detalle de nuestra vida.

En una sociedad que glorifica la autosuficiencia y el control, la mansedumbre nos recuerda que está bien no tener todas las respuestas, que está bien soltar el afán de ser omnipotente. Como señala la teóloga Joan Chittister (2019), la mansedumbre no implica rendirse a las dificultades, sino afrontarlas con un espíritu de apertura y aceptación, dejando atrás la constante resistencia que solo genera agotamiento.

El yugo de Cristo: un nuevo modo de vivir

El yugo que Cristo nos ofrece no pesa; es suave, porque está hecho de amor y gracia. Mientras que los yugos del mundo —el éxito desmedido, el perfeccionismo y la autoexigencia— nos aplastan con su dureza, el de Jesús nos libera. Al aceptarlo, soltamos nuestras ansiedades y deseos egoístas, y encontramos la paz que brota de confiar en Su plan.

Curiosamente, esta enseñanza tiene eco en la psicología actual. Paul Gilbert (2019) explica que aceptar la incertidumbre y renunciar al control excesivo conduce a un mayor bienestar emocional. Al igual que la mansedumbre que Jesús nos invita a vivir, estas prácticas fortalecen nuestra resiliencia y nos ayudan a enfrentar los desafíos con calma y equilibrio.

Mansedumbre y salud mental

Desde la psicología, la mansedumbre está íntimamente ligada a la regulación emocional. Las personas que practican esta virtud reaccionan con menos intensidad ante el estrés, pues aceptan la realidad sin aferrarse al deseo de cambiar lo que no está en sus manos. Neff y Germer (2018) destacan que la autocompasión, muy cercana a la mansedumbre, promueve la resiliencia emocional y reduce el estrés. Ser mansos significa tratarnos con amabilidad en lugar de luchar contra nuestras emociones, abrazando la vida tal como es.

Practicar la mansedumbre nos transforma. No elimina las dificultades, pero sí cambia la manera en que las enfrentamos. Nos invita a caminar con paciencia, respirando profundo en medio de la tormenta, confiando en que hay una luz al final del camino.

La humildad como clave para el descanso interior

Jesús también nos invita a aprender de su humildad, una virtud que nos libera de la carga del orgullo y de la constante comparación con los demás. Reconocer nuestras limitaciones y nuestra dependencia de Dios no es una señal de debilidad, sino una fuente de descanso profundo. Christopher Kaczor (2020) nos recuerda que la humildad nos permite vivir con autenticidad, descansando en el amor incondicional de Dios.

La humildad nos enseña que no necesitamos demostrar nuestro valor ni cargar nuestras cruces solos. Como dice Ann Voskamp (2021), "la verdadera humildad no es pensar menos de uno mismo, sino pensar menos en uno mismo y más en Dios y en los demás". Esta perspectiva nos libera de la presión de ser perfectos y nos abre al abrazo sanador de la gracia divina.

El descanso que Jesús ofrece

El descanso que Jesús nos da no es solo para el cuerpo; es un descanso que envuelve el alma. Es un descanso que renueva, que calma, que sana. El descanso que Jesús ofrece es una paz profunda que solo puede encontrarse en Él, una paz que el mundo no puede dar.

No se trata de una vida sin problemas, sino de una certeza que transforma: no estamos solos en nuestras luchas. Con el yugo de Cristo, los días difíciles pierden su peso opresivo, porque aprendemos a caminar con una nueva actitud, una que brota de la mansedumbre, la humildad y la confianza en el amor infinito de Dios.

Aprender la mansedumbre de Cristo es más que un acto espiritual; es un proceso que nos transforma profundamente. Nos enseña a soltar nuestras cargas y a vivir con libertad interior. Nos invita a encontrar descanso en la confianza en Dios, a dejar atrás el estrés y la ansiedad, y a experimentar una paz que supera todo entendimiento. Bajo su yugo suave, descubrimos que la mansedumbre y la humildad no son cadenas, sino alas que nos elevan hacia una vida plena y llena de sentido.

3. Descanso y renovación: cuidar el cuerpo y el alma

El descanso que Jesús nos ofrece no es solo una pausa o un alivio momentáneo; es un refugio integral que abraza nuestra mente, cuerpo y espíritu. En un mundo que se mueve a toda prisa, donde a menudo se mide nuestro valor por lo que hacemos y no por lo que somos, el descanso se vuelve un acto urgente de resistencia, casi contracultural. Pero más allá de detenernos, el descanso al que nos invita Cristo tiene el poder de sanarnos, renovarnos y devolvernos nuestra humanidad.

La Organización Mundial de la Salud (OMS, 2019) ha advertido que el estrés crónico es un enemigo silencioso que afecta profundamente nuestra salud, causando estragos en el corazón, el metabolismo y el sueño. Pero Jesús nos ofrece algo radicalmente distinto: un descanso que no se trata de escapar, sino de renovarnos desde lo más profundo, tocando lo más esencial de nuestro ser.

El descanso como necesidad biológica y espiritual

Nuestro cuerpo necesita descansar, y no es un lujo, es una verdad fundamental de nuestra biología. Mientras dormimos, nuestro organismo repara células, organiza recuerdos y equilibra emociones. Matthew Walker (2017) nos recuerda que cuando descuidamos el descanso, no solo perdemos salud física, sino también claridad mental y paz emocional. Pero el descanso al que nos invita Jesús no se limita al cuerpo; también nos habla al alma.

La psicóloga Kelly McGonigal (2017) destaca que el cuidado integral —que conecta cuerpo, mente y espíritu— es vital para lidiar con el estrés. Es aquí donde el descanso espiritual se convierte en un bálsamo irremplazable. Orar, contemplar y simplemente estar en la presencia amorosa de Dios nos libera del peso de nuestras preocupaciones y renueva la alegría que a veces olvidamos que llevamos dentro. Romano Guardini (2020) lo expresa maravillosamente: el descanso del espíritu no es opcional, es un alimento vital para mantenernos en equilibrio.

Cuando dejamos que nuestra mente y nuestro espíritu se refugien en Dios, descubrimos que el descanso no es solo inactividad. Es un acto lleno de vida que nos reconecta con lo sagrado. Es dejar que el amor de Dios alivie nuestras heridas, calme nuestra ansiedad y nos devuelva nuestra verdadera identidad.

La visión cristiana del descanso

En la narrativa cristiana, el descanso no es solo un paréntesis en la jornada laboral. Es una dimensión intrínseca de la vida. Desde el Génesis, Dios establece un patrón al descansar en el séptimo día, mostrando que el descanso es una parte sagrada de nuestra existencia.

El descanso no es solo un derecho humano; es una necesidad para encontrar paz interior y plenitud". Este descanso no es un simple alto en el camino, es una oportunidad para contemplar, para agradecer, para escuchar el susurro de Dios en medio del bullicio de nuestras vidas. Es una reconexión con el propósito y la belleza de la existencia.

El descanso como restauración del alma

El descanso que ofrece Jesús va más allá de lo físico: toca las fibras más profundas del alma. Vivimos rodeados de demandas, de metas que a menudo nos separan de nosotros mismos. Pero al descansar en Jesús, volvemos a nuestra esencia, a esa verdad inmutable de que somos amados, no por lo que hacemos, sino simplemente porque somos.

Henri Nouwen (2018) lo dice con ternura: "El descanso verdadero proviene de encontrar nuestro lugar en el amor de Dios". Este descanso nos libera, nos devuelve la esperanza, la alegría y las fuerzas. Nos ayuda a confiar, a soltar aquello que pesa y a creer que Dios sostiene nuestra vida con cuidado infinito.

El vínculo entre descanso y esperanza

Descansar en Dios es un acto profundo de fe. En medio de las tormentas, el descanso que Él nos ofrece se convierte en un recordatorio silencioso de que no estamos solos. Cada pausa en Él nos llena de esperanza, nos devuelve la perspectiva, y nos permite ver más allá de los problemas inmediatos.

Descansar es, también, confiar. Es soltar el control, dejar que nuestras preocupaciones se posen en las manos de Dios y permitir que Él las transforme. San Agustín nos lo resume con una sabiduría eterna: "Nuestro corazón está inquieto hasta que descansa en Ti, Señor".

Este descanso no promete resolver mágicamente todos los problemas, pero sí asegura algo más grande: la certeza de que no estamos solos y de que Dios está obrando incluso en los momentos de mayor incertidumbre.

El descanso que Jesús nos ofrece no es simplemente detenerse. Es una invitación a ser renovados, a ser sanados en lo más profundo de nuestro ser. En un mundo que exalta la productividad a costa de nuestra paz, Jesús nos llama a algo diferente: a un descanso que transforma, que libera, que nos devuelve a nuestro verdadero yo.

Este descanso es un regalo divino, una fuente de paz y esperanza. Al abrazarlo, encontramos la alegría de saber que nuestra vida está en manos de Aquel que nos ama sin medida, y en esa certeza, podemos descansar.

Conclusión: El Descanso que Renueva el Alma

El descanso que Jesús nos ofrece trasciende la simple pausa o el alivio momentáneo en medio del bullicio de la vida. Es una invitación a transformar profundamente cómo llevamos nuestras cargas y enfrentamos nuestra existencia. Jesús no promete la desaparición de nuestras responsabilidades, pero sí que esas cargas se vuelvan más livianas porque ya no las llevamos en soledad. Al decirnos: "Tomad mi yugo sobre vosotros, y aprended de mí, que soy manso y humilde de corazón" (Mateo 11, 29), nos regala un yugo suave, un símbolo de compañía, donde Él mismo camina junto a nosotros, compartiendo el peso de nuestras dificultades.

La primera puerta hacia este descanso es admitir que estamos sobrecargados. En un mundo donde la productividad y la eficiencia son exaltadas como virtudes supremas, reconocer el cansancio puede percibirse como una debilidad. Sin embargo, admitir nuestra fatiga es el primer paso hacia la restauración. La psicóloga Susan David (2020) subraya que aceptar nuestras emociones difíciles no solo es necesario, sino que es la clave para comenzar a sanar. En el ámbito espiritual, esta aceptación nos permite abrirnos al abrazo de

Dios y dejar que su gracia actúe en nuestra vida.

Jesús, además, nos invita a aprender de Él. Nos enseña una mansedumbre que no es sumisión, sino una fuerza llena de paz y confianza. La teóloga Elizabeth Johnson (2021) describe esta mansedumbre de Cristo como una entrega total a Dios, una confianza serena que nos permite vivir en calma, incluso en medio de las tormentas. Este aprendizaje libera nuestra mente de preocupaciones inútiles y nos da la valentía de enfrentar la incertidumbre confiando en la providencia divina.

Desde la perspectiva psicológica, esta enseñanza de Jesús encuentra un eco en la ciencia contemporánea. Gilbert (2019) afirma que soltar el control obsesivo y aceptar lo incierto es crucial para reducir el estrés y aumentar nuestro bienestar. Así, la espiritualidad y la psicología convergen en un mensaje claro: la paz interior surge cuando aprendemos a confiar y a soltar.

Pero el descanso que Jesús ofrece no se detiene en el plano espiritual. También alcanza al cuerpo, ese templo del Espíritu que tantas veces descuidamos. La Organización Mundial de la Salud (OMS, 2019) nos alerta que el estrés crónico impacta gravemente nuestra salud física, provocando problemas como trastornos del sueño y enfermedades cardiovasculares. El descanso debe ser integral: cuidar nuestro cuerpo mediante un sueño reparador, una alimentación adecuada y ejercicio es vital. Sin embargo, el descanso espiritual añade una dimensión única. A través de la oración, la contemplación y el silencio, encontramos una restauración que no solo nos revitaliza, sino que nos conecta con la fuente de la paz verdadera.

El Papa Francisco, en Laudato Si' (2015), nos invita a redescubrir el descanso como un acto sagrado. No se trata de un lujo, sino de una necesidad espiritual que nos permite reconectar con Dios, con nosotros mismos y con la creación. Este descanso, dice el Papa, nos abre a la contemplación y nos devuelve a nuestra esencia, ayudándonos a encontrar propósito y sentido en la vida.

Finalmente, el descanso que Jesús nos ofrece es una puerta hacia la esperanza. En un mundo lleno de incertidumbre y desafíos, descansar en Él es recordar que nunca estamos solos. Henri Nouwen (2018) lo expresa de manera conmovedora: el descanso verdadero nace de encontrar nuestro lugar en el amor incondicional de Dios. Este descanso no exige perfección ni logros, sino que nos acoge con nuestras fortalezas y fragilidades, restaurándonos desde lo más profundo.

En resumen, el descanso que Jesús ofrece no es una evasión de la realidad, sino una invitación a vivirla con más paz, fortaleza y equilibrio. Reconociendo nuestras cargas, aprendiendo de su mansedumbre y abrazando una renovación completa, encontramos el alivio y la serenidad que tanto necesitamos. Su yugo es suave, su carga es ligera, y su amor es el refugio donde hallamos descanso y fuerzas para seguir adelante con esperanza y propósito renovados.

CAPÍTULO 7: "CONSOLAD, CONSOLAD A MI PUEBLO"

Tema: La importancia de la comunidad y el acompañamiento en la recuperación emocional

Isaías 40, 1-5

"Consolad, consolad a mi pueblo, dice vuestro Dios. Hablad al corazón de Jerusalén, gritadle que se ha cumplido su servicio, que su culpa está pagada, que ha recibido de la mano del Señor doble castigo por todos sus pecados.

Una voz grita: En el desierto, preparad el camino del Señor; allanad en la estepa una calzada para nuestro Dios. Que todo valle se eleve, que toda montaña y colina se rebajen, que lo torcido se enderece y lo escabroso se allane. Entonces se revelará la gloria del Señor, y todos la verán a una, pues ha hablado la boca del Señor."

En el contexto del libro de Isaías, el llamado a consolar al pueblo no es simplemente una orden divina, sino una invitación profunda a la restauración colectiva. Es un grito de esperanza que nos llama a unirnos en la sanación, a ser parte activa en el alivio del dolor y el sufrimiento de quienes nos rodean. Este pasaje, tan antiguo y sabio, resuena con fuerza en nuestra sociedad actual, que, a pesar de estar más conectada que nunca a través de la tecnología, se ve marcada por un creciente aislamiento emocional y un individualismo que separa a las personas. La verdadera recuperación emocional no puede ser un viaje solitario; necesita el abrazo solidario de la comunidad, un sostén firme que nos permita sanar en lo más profundo y restaurar nuestra humanidad compartida.

1. El consuelo mutuo: la comunidad como refugio

El ser humano está hecho para relacionarse, para conectar. Desde el momento en que nacemos, las relaciones que construimos van dando forma a nuestra visión del mundo, a nuestra identidad, y nos ayudan a enfrentar los desafíos que la vida nos pone por delante. La necesidad de pertenecer a una comunidad, de sentir que podemos recibir apoyo y darlo, es una característica fundamental de nuestra existencia. Como bien señala la psicóloga Susan Pinker (2017), las conexiones cercanas no solo son vitales para nuestra longevidad, sino que también actúan como un amortiguador que nos protege del estrés y las adversidades cotidianas. Pinker nos recuerda que las interacciones cara a cara activan en nosotros mecanismos neurobiológicos que disminuyen el cortisol, la hormona del estrés, y nos invitan a disfrutar de un bienestar emocional y físico profundo.

En este sentido, la comunidad no es solo un conjunto de personas que conviven en un mismo espacio. Es un refugio, un lugar sagrado donde los individuos pueden encontrar consuelo, comprensión y apoyo en momentos de dificultad. Este concepto se refleja de manera poderosa en el llamado del profeta Isaías: "Consolad, consolad a mi pueblo". Estas palabras no son simplemente una orden; son un grito lleno de compasión y de esperanza, un recordatorio de que debemos participar activamente en la sanación colectiva. El consuelo mutuo, tal como lo presenta la Biblia, no es un acto pasivo, sino una tarea que requiere empatía, compromiso y una entrega desinteresada.

La comunidad como espacio de sanación colectiva

La resiliencia emocional no florece en el aislamiento. En su estudio sobre resiliencia comunitaria, Cacioppo y Cacioppo (2018) afirman que las comunidades que fomentan la solidaridad y la empatía son las mejor preparadas para superar traumas, tanto colectivos como personales. La fortaleza de una comunidad para levantarse después de experiencias difíciles depende enormemente de la calidad de las relaciones interpersonales que se tejen entre sus miembros y del apoyo mutuo que se brindan. Estos estudios nos enseñan que el consuelo mutuo es un pilar fundamental para la recuperación emocional y el bienestar general de todos los involucrados.

Desde una perspectiva cristiana, la comunidad es un instrumento de la gracia divina. El llamado de Isaías nos invita a ser partícipes activos en el consuelo que Dios ofrece a Su pueblo. El Papa Francisco, en su encíclica *Fratelli Tutti* (2020), subraya que "nadie se salva solo" y nos recuerda que la fraternidad y la amistad social son esenciales para construir una sociedad que sea justa, compasiva y solidaria. Este llamado a la solidaridad, a cuidarnos unos a otros, es la clave para comprender el papel fundamental de la comunidad como refugio y fuente de consuelo.

El consuelo como tarea compartida

El consuelo mutuo no es solo una práctica de apoyo emocional, sino una responsabilidad compartida dentro de la comunidad. Las Escrituras nos hablan de cómo debemos ser parte activa en el consuelo del prójimo. En Gálatas 6, 2, nos exhortan a "sobrellevar los unos las cargas de los otros", un mandato que refuerza la idea de que la sanación y el alivio del sufrimiento no son tareas que podamos enfrentar en solitario, sino que se realizan mejor en comunidad.

La psicología contemporánea también respalda esta verdad. Un estudio realizado por Coan, Schaefer y Davidson (2017) muestra que la presencia de un ser querido durante momentos de estrés puede reducir notablemente la percepción del dolor, lo que demuestra el poder del consuelo mutuo en la experiencia humana. Este principio tiene un impacto profundo en la comunidad cristiana, que está llamada a ser un lugar donde el amor, la comprensión y el apoyo mutuo se vivan de manera tangible y concreta.

La comunidad como reflejo del amor de Dios

El consuelo mutuo en la comunidad cristiana no solo tiene efectos emocionales y físicos, sino también espirituales. La comunidad es el lugar donde la presencia de Dios se hace palpable a través del amor y el cuidado que nos ofrecemos unos a otros, la comunidad es el reflejo de la presencia de Dios en el mundo. Así, el acto de consolar a los demás se convierte no solo en un gesto de misericordia, sino en una forma de adoración, una expresión de nuestra fe.

La teóloga Henri Nouwen (2019) nos recuerda que la verdadera comunidad es aquella en la que las personas pueden ser vulnerables y donde, a través de los demás, pueden recibir el amor y la gracia de Dios. Este tipo de comunidad no solo ofrece consuelo, sino que también abre el camino hacia la sanación y el crecimiento espiritual. Ser parte de una comunidad que se consuela mutuamente es participar activamente en la misión de Dios de restaurar y redimir a Su pueblo.

El consuelo mutuo es un aspecto esencial en la vida comunitaria y en el bienestar humano. La comunidad, como refugio, ofrece un espacio donde las personas pueden experimentar el amor, el apoyo y la comprensión en momentos de dificultad. La exhortación de Isaías a consolar al pueblo es un llamado a la acción colectiva, a ser partícipes en la obra de sanación y consuelo que Dios ha iniciado. A través del consuelo mutuo, la comunidad se convierte en un reflejo tangible del amor de Dios y en un instrumento de Su gracia sanadora.

2. Preparar el camino: eliminar obstáculos hacia la sanación

El llamado del profeta Isaías de "preparar el camino del Señor, allanar en el desierto una calzada" (Isaías 40,3) resuena profundamente en nuestro corazón como una invitación a quitar los obstáculos que nos impiden encontrar a Dios y alcanzar la sanación emocional plena. En su contexto original, Isaías estaba convocando al pueblo de Israel a prepararse espiritualmente para la intervención de Dios. Sin embargo, este mensaje se amplía a un proceso de sanación que también requiere nuestra participación activa. No solo es una obra divina, sino también humana, que nos invita a eliminar aquellos muros internos y externos que nos alejan de la paz y el consuelo que anhelamos. Isaías nos recuerda que el camino hacia la sanación comienza con la disposición de abrirnos y permitir que Dios transforme nuestras vidas

.

Los obstáculos internos: la vergüenza, la culpa y el miedo

El proceso de sanación emocional se ve muchas veces interrumpido por barreras internas profundamente arraigadas en nuestro ser, como la vergüenza, la culpa y el miedo. Estas emociones, según la psicóloga Brené Brown (2018), nos pueden atrapar y desviarnos de la curación, actuando como muros invisibles que nos impiden avanzar. La vergüenza, por ejemplo, nos hace sentir indignos de amor o apoyo, llevándonos a cerrarnos y ocultar nuestras vulnerabilidades. Brown explica que la vergüenza se alimenta del miedo al juicio y a ser expuestos, lo que nos impide abrir nuestro corazón y recibir consuelo de los demás.

La culpa, por su parte, aunque puede ser una fuerza que nos motive a cambiar, a veces nos atrapa en un ciclo de autocrítica que nos consume. Según Gilbert (2019), esta culpa excesiva está estrechamente ligada a trastornos emocionales como la depresión y la ansiedad, pues nos hace sentir atrapados en el sufrimiento, incapaces de experimentar la liberación que la sanación ofrece. El miedo, especialmente el miedo a ser vulnerables, también es un obstáculo profundo en el camino hacia la sanación. Como señala Van Der Kolk (2017), el miedo al dolor emocional o a revivir los traumas del pasado puede bloquear nuestra capacidad de abrirnos, tanto a los demás como a nosotros mismos.

En este sentido, preparar el camino hacia la sanación implica enfrentarnos a estos muros internos, reconociendo la vergüenza y la culpa como emociones que podemos procesar, pero que no deben definirse como nuestro ser. Es necesario tener el coraje de abrazar la vulnerabilidad, que es la clave para nuestra verdadera conexión humana y curación emocional. Como Brown (2018) lo expresa tan sabiamente: "la vulnerabilidad es la cuna de la creatividad, la pertenencia, la autenticidad y el coraje". Ser vulnerables no significa ser débiles, sino reconocer nuestra humanidad y nuestra profunda necesidad de apoyo y consuelo.

Obstáculos externos: la falta de apoyo social

Aparte de las barreras internas, también existen obstáculos externos que dificultan la sanación emocional, siendo uno de los más dolorosos la falta de apoyo social. Las personas que atraviesan momentos de dolor o trauma a menudo se sienten solas, abandonadas, y sin el respaldo necesario para sanar. La falta de una red de apoyo puede generar un sentimiento de desamparo, dificultando enormemente el proceso de sanación. Cacioppo y Patrick (2018) afirman que la soledad, tanto percibida como real, tiene efectos devastadores sobre nuestra salud emocional y física, constituyendo un factor de riesgo para enfermedades como la depresión, la ansiedad y el estrés postraumático.

En este contexto, la comunidad se convierte en un faro de esperanza. El Papa Francisco, en su encíclica *Fratelli Tutti* (2020), nos recuerda que la comunidad cristiana está llamada a ser un lugar de encuentro, donde los que sufren puedan encontrar consuelo, comprensión y aceptación, sin temor a ser juzgados. La comunidad debe ser un espacio donde las personas se sientan seguras, escuchadas y comprendidas, un refugio donde puedan compartir sus luchas sin miedo al rechazo. Es en este tipo de comunidades donde se facilita el proceso de sanación emocional, uniendo el apoyo espiritual y emocional en un abrazo que sana y restaura.

Preparar el camino: la construcción de espacios seguros

La preparación del camino hacia la sanación no solo se refiere a los aspectos espirituales y emocionales, sino también a la creación de espacios seguros donde las personas puedan expresarse libremente, sin temor a ser juzgadas. Jesús nos mostró este camino al acercarse a los marginados y heridos, ofreciendo su compañía, su sanación y su amor. En los Evangelios, vemos cómo Jesús eliminó los obstáculos entre las personas y el consuelo divino, acercándose a los leprosos, las mujeres marginadas y los pecadores, y brindándoles no solo sanación, sino también una profunda acogida. Su ejemplo es un modelo para todos nosotros, llamados a crear un espacio de inclusión y sanación en nuestras comunidades.

La creación de estos espacios seguros es también un principio fundamental en la psicología moderna. Van Der Kolk (2017) afirma que los traumas emocionales son más fáciles de superar cuando las personas tienen la oportunidad de compartir sus experiencias en un entorno que les brinde seguridad y apoyo. Así, tanto en el entorno terapéutico como en la comunidad cristiana, debe prevalecer la empatía y el acompañamiento genuino. Estos espacios permiten que las personas se enfrenten a sus emociones y traumas sin el temor de ser rechazadas o incomprendidas. Crear espacios de acogida es preparar el terreno para la sanación, un lugar donde las personas se sientan vistas y escuchadas, y donde puedan sanar en comunidad.

El ejemplo de Jesús: derribar barreras para la sanación

El modelo de Jesús es el ejemplo más radical de cómo preparar el camino para la sanación. Jesús constantemente desafiaba las barreras sociales, culturales y religiosas que separaban a las personas de la gracia y el consuelo de Dios. Él no solo sanaba a los enfermos, sino que también derribaba las barreras de la exclusión, invitando a todos a acercarse a Él. Su ejemplo de inclusión es esencial para comprender el papel de la comunidad cristiana en el proceso de sanación. La comunidad debe ser un lugar donde las barreras de vergüenza, culpa y miedo se disuelvan, donde las personas puedan acercarse a Dios y a los demás con corazones abiertos, dispuestos a recibir y ofrecer consuelo.

La sanación verdadera no ocurre en la soledad, sino en una comunidad que es capaz de ofrecer amor incondicional y apoyo genuino. Así como Jesús preparó el camino hacia la redención, la comunidad cristiana está llamada a preparar el camino hacia la sanación, derribando los obstáculos que nos separan del amor divino y de la sanación emocional.

Preparar el camino hacia la sanación emocional es un proceso de reconocer y eliminar los obstáculos internos y externos que dificultan este viaje. Desde la vergüenza y la culpa hasta la falta de apoyo social, estos muros deben ser enfrentados y superados dentro de una comunidad que actúa como un refugio de consuelo, apoyo y empatía. Tal como Jesús lo mostró en su vida, la sanación ocurre cuando los seres humanos son capaces de derribar las barreras que los separan del amor divino. Preparar el camino hacia la sanación es, en última instancia, un acto de amor y compromiso, tanto individual como colectivo, que permite a las personas encontrar paz, consuelo y restauración en la comunidad y en la presencia de Dios.

3. Ser instrumento de consuelo: el valor de la empatía

La empatía, esa capacidad profunda de ponerse en el lugar del otro, de sentir con él, se revela como una de las virtudes más poderosas tanto en la vida cristiana como en el acompañamiento psicológico.

Es, a través de ella, que realmente podemos conectar con las emociones y vivencias de los demás, ofreciendo un consuelo genuino, una comprensión sincera y un apoyo incondicional. En el contexto cristiano, ser un instrumento de consuelo no es solo ofrecer palabras amables; es ser un canal por el cual el amor de Dios se manifiesta de manera tangible en la vida de los demás, reflejando la compasión de Cristo. Este llamado, tan vital para nuestra espiritualidad, no solo toca el alma, sino que es una piedra angular para la salud emocional y mental de las personas que nos rodean.

La empatía como una respuesta activa

Henrietta De Groot (2019) nos muestra que la verdadera empatía es mucho más que una respuesta emocional instantánea; es una disposición activa a estar presentes en el sufrimiento ajeno. La empatía no es un gesto superficial ni una respuesta momentánea; es un compromiso profundo con el bienestar del otro, una entrega que va más allá de las palabras. Es un involucrarse genuinamente en el dolor, en la lucha de otra persona, sin medir el tiempo ni los sacrificios. En la tradición cristiana, esta empatía se traduce en la capacidad de imitar la compasión de Cristo, quien no se quedó distante, sino que se acercó a los afligidos, los enfermos, los marginados, compartiendo su dolor y ofreciendo esperanza.

De Groot resalta un aspecto clave de la empatía: la presencia activa. No se trata solo de estar físicamente allí, sino de estar emocional y espiritualmente involucrados. En este tipo de empatía cristiana, la presencia es constante, es una compañía fiel que no juzga, pero que tiene un corazón dispuesto a comprender y sanar, tal como lo hizo Cristo.

La ciencia de la empatía: un puente para la recuperación emocional

La psicología contemporánea ha confirmado lo que el alma ya sabe: la empatía tiene un poder sanador. Decety y Cowell (2017) revelan que la empatía activa no solo es un bálsamo para quien la recibe, sino que también tiene efectos profundamente terapéuticos para quien la ofrece. Su investigación muestra que quienes practican la empatía de manera constante experimentan una disminución en los niveles de estrés y ansiedad, promoviendo una salud emocional tanto para quien da como para quien recibe. Este fenómeno ocurre porque la empatía crea un espacio de conexión emocional genuina, un espacio que alivia la soledad, el aislamiento, y todos esos factores que contribuyen al sufrimiento emocional.

Desde la perspectiva cristiana, la empatía es más que un acto de consolación; es un cumplimiento del mandamiento de Jesús de "amarse unos a otros" (Juan 13, 34). La empatía activa y el acompañamiento no solo alivian el dolor del que sufre, sino que abren la puerta a una transformación mutua, una transformación que no solo alivia a quien padece, sino que también eleva a quien ofrece el consuelo, convirtiéndolo en un instrumento de Dios que lleva esperanza y restauración.

La empatía como escucha activa

Uno de los aspectos más profundos de la empatía es la escucha activa. Escuchar con empatía no es solo oír las palabras de la otra persona, sino captar sus emociones, sus silencios, sus anhelos más profundos. Este tipo de escucha requiere una atención plena, sin interrupciones, sin juicios, y una disposición total para entender la experiencia ajena desde su propia perspectiva, no desde la nuestra. Como bien señala Rogers (2019), la escucha activa es crucial para construir una relación de confianza, algo fundamental en cualquier proceso de acompañamiento emocional. Solo cuando las personas sienten que son escuchadas genuinamente pueden abrirse de verdad y empezar su camino hacia la sanación.

El Papa Francisco, en su encíclica *Fratelli Tutti* (2020), nos recuerda que el amor auténtico se expresa en la escucha atenta y la cercanía. Escuchar con el corazón, en la cercanía del sufrimiento del otro, es un acto de solidaridad que va más allá de un simple gesto de atención; es un medio poderoso para sanar heridas, una forma de decir: "No estás solo". Así, en la comunidad cristiana, la empatía se convierte en un "escuchar el grito" de quienes sufren, un grito que debe ser atendido con el corazón abierto y la mente dispuesta.

Empatía en la comunidad cristiana: un reflejo del amor incondicional

En la vida cristiana, la empatía no es solo un acto individual, sino que es un valor que debe vivirse en comunidad. La comunidad cristiana está llamada a ser un reflejo del amor incondicional de Dios, un lugar donde el consuelo se ofrece sin esperar nada a cambio, un espacio donde el dolor del otro se abraza como propio. Esto es especialmente significativo cuando recordamos las palabras de Isaías 40, donde el consuelo de Dios se ofrece a toda carne, sin distinciones, como una manifestación libre de su gracia divina. La comunidad cristiana, al igual que Cristo, debe ofrecer su presencia empática a todos, especialmente a los más vulnerables y marginados. En este sentido, el consuelo dentro de la comunidad no solo ayuda a sanar al individuo, sino que fortalece la unidad del cuerpo de Cristo, creando un vínculo más fuerte entre sus miembros.

La empatía en la comunidad cristiana también se manifiesta en la capacidad de la Iglesia para acoger a aquellos que están heridos o excluidos, mostrándoles que no están solos, que siempre hay un lugar para ellos. Como nos enseña el Evangelio, la verdadera grandeza en el Reino de Dios no está en el poder, sino en el servicio desinteresado a los demás (Mateo 23, 11-12). Ser instrumento de consuelo en la comunidad cristiana es vivir este servicio de manera activa, sin esperar recompensa, simplemente ofreciendo el consuelo que viene de Dios mismo.

La reciprocidad del consuelo

El acompañamiento empático no es solo una tarea para quien ofrece consuelo, sino también para quien lo recibe. Según Decety y Cowell (2017), la reciprocidad del consuelo es una de las características fundamentales de las relaciones humanas saludables. Aquellos que reciben consuelo y apoyo tienden a desarrollar una mayor capacidad para ofrecerlo a los demás en el futuro, creando así un ciclo de amor y apoyo mutuo que nunca termina. Este ciclo es la esencia misma del cristianismo, donde el consuelo recibido no solo se guarda, sino que se comparte, multiplicándose en otros. Esta idea se refleja en las palabras de San Pablo: "Con la misma medida con que medís, se os medirá" (Lucas 6, 38), invitándonos a compartir el consuelo de Dios con todos.

Además, en la vida cristiana, el consuelo no es solo una acción temporal, sino una respuesta continua a la llamada de Dios a ser instrumentos de su gracia. Cada acto de consuelo se convierte en una manifestación de la presencia de Dios en el mundo, una presencia que está siempre disponible, no solo en los momentos de dificultad, sino para todos los que la buscan.

El valor de la empatía en la sanación emocional

Ser instrumento de consuelo implica más que simplemente ofrecer apoyo en los momentos de dolor; significa vivir una vida de empatía activa, de escucha profunda y de amor incondicional. La empatía es el vehículo a través del cual el consuelo de Dios se hace presente en las vidas de los demás, un consuelo que facilita la sanación emocional y espiritual. En la comunidad cristiana, la empatía no es solo un acto, sino un mandato divino, un acto de amor que refleja la compasión de Cristo. El consuelo empático no solo alivia a quienes sufren, sino que edifica la comunidad, la fortalece y la une en el amor incondicional de Dios. Así, la empatía se convierte en un acto de sanación mutua, un proceso que no solo alivia el sufrimiento, sino que transforma el corazón y la vida de todos aquellos que participan en él.

Conclusión: El consuelo comunitario y la solidaridad como pilares esenciales para la recuperación emocional

El consuelo comunitario y la solidaridad se erigen como los pilares fundamentales en el proceso de recuperación emocional, una verdad que resuena tanto en las enseñanzas bíblicas como en las investigaciones psicológicas más recientes. La invitación de Isaías, al mandar consolar al pueblo y preparar el camino del Señor, nos llama a algo mucho más profundo que una simple exhortación espiritual; es un llamado a la acción colectiva, a asumir juntos la responsabilidad de ser instrumentos de paz y sanación en un mundo que, más que nunca, clama por esperanza y alivio. En los tiempos de sufrimiento y crisis, la comunidad no solo se presenta como un refugio; es, más bien, un faro tangible del amor divino, capaz de brindar descanso, renovación y esperanza a los corazones heridos y agotados.

Este capítulo nos ha mostrado que la verdadera sanación emocional no ocurre en soledad. La psicóloga Brené Brown (2018) nos recuerda que la vulnerabilidad, entendida como la capacidad de abrirse a los demás con nuestras debilidades, es esencial para el proceso de sanación. La invitación a ser vulnerables, a aceptar que necesitamos apoyo y consuelo, no solo es un acto de valentía; es una puerta que nos permite entrar en relaciones más profundas y transformadoras. La verdadera fortaleza se encuentra en la capacidad de reconocer nuestra fragilidad y, desde allí, experimentar la solidaridad y el consuelo que solo una comunidad puede ofrecer.

Isaías nos recuerda que el consuelo no es una tarea individual, sino colectiva. En su mensaje, al exhortarnos a "preparar el camino del Señor" (Isaías 40, 3), nos invita a eliminar barreras, tanto físicas como emocionales, que bloquean el flujo de la sanación. La psicología social contemporánea también ha señalado que el aislamiento y la desconexión social son factores que profundizan el sufrimiento emocional (Holt-Lunstad, 2018). Así, la comunidad se convierte en un lugar sagrado donde las personas pueden experimentar cercanía, apoyo y comprensión, lo necesario para enfrentarse a las adversidades de la vida. El consuelo mutuo, entonces, se convierte en una herramienta poderosa para sanar las heridas del alma y restaurar el equilibrio emocional perdido.

Como nos recuerda el Papa Francisco en su encíclica *Fratelli Tutti* (2020), la solidaridad y la fraternidad son el corazón de una sociedad más justa y compasiva. El consuelo comunitario implica estar dispuestos a caminar junto al otro, no desde una posición de superioridad, sino reconociendo que todos somos vulnerables y dependemos unos de otros. En este sentido, la comunidad cristiana, al igual que toda la humanidad, está llamada a ser un signo visible de la presencia de Dios, un espacio donde la gracia divina se manifiesta a través de la empatía, la compasión y el apoyo mutuo.

La solidaridad no se limita solo al acompañamiento emocional, sino que también se extiende a la creación de espacios seguros donde cada miembro de la comunidad pueda expresar sus preocupaciones y sufrimientos sin temor al juicio. La iglesia, como cuerpo de Cristo, está llamada a ser un refugio, un lugar donde los miedos y las desconfianzas se disuelven, y donde florece una cultura de paz y sanación. La verdadera sanación ocurre cuando las personas pueden expresarse libremente, cuando sienten que han sido acogidas y amadas, tal como lo hizo Jesús con los marginados, los enfermos y los necesitados. Esta es la visión de Jesús para su comunidad: un lugar donde la sanación se comparte y se experimenta colectivamente.

Por ello, la vulnerabilidad, la eliminación de barreras y la práctica de la empatía son acciones que transforman la comunidad en un refugio seguro. Cuando las personas se sienten valoradas, escuchadas y apoyadas, experimentan la presencia de Dios de manera tangible. Según Cacioppo y Cacioppo (2018), las comunidades que fomentan la empatía y el apoyo mutuo son más resilientes, capaces de superar los traumas tanto individuales como colectivos. La comunidad cristiana está llamada a ser ese refugio de esperanza, donde cada miembro encuentra descanso para su alma cansada y agobiada, tal como Jesús promete en el Evangelio: "Venid a mí, todos los que estáis cansados y agobiados, y yo os daré descanso" (Mateo 11, 28).

Por lo tanto, el consuelo comunitario no es solo una respuesta emocional al sufrimiento, sino un testimonio palpable del amor de Dios en el mundo. Al abrazar nuestra vulnerabilidad, al eliminar los obstáculos que nos separan y al practicar la empatía de manera activa, la comunidad se convierte en un signo visible de la presencia de Dios, un lugar donde se experimenta su consuelo y se encuentra esperanza. La sanación no es un viaje solitario, sino un proceso que se vive en comunión. En este camino, cada uno de nosotros, al ser instrumentos de consuelo para los demás, contribuye a la sanación colectiva y al fortalecimiento de la comunidad en su totalidad.

CAPÍTULO 8: "TODO LO HAGO NUEVO"

Tema: Renacer tras el sufrimiento: Transformar la herida en una fuente de vida
Apocalipsis 21, 1-6

Vi un cielo nuevo y una tierra nueva, porque el primer cielo y la primera tierra habían desaparecido, y el mar ya no existía. También vi la ciudad santa, la nueva Jerusalén, que descendía del cielo, de junto a Dios, dispuesta como una esposa ataviada para su esposo. Oí una fuerte voz que venía del trono, diciendo: «He aquí el tabernáculo de Dios con los hombres. Él morará con ellos, y ellos serán su pueblo, y Dios mismo estará con ellos. Él enjugará toda lágrima de sus ojos, y ya no habrá muerte, ni llanto, ni clamor, ni dolor, porque las primeras cosas han pasado.»

Y el que estaba sentado en el trono dijo: «Mira que hago nuevas todas las cosas.» Y añadió: «Escribe, porque estas palabras son fieles y verdaderas.» Y me dijo: «Hecho está. Yo soy el Alfa y la Omega, el principio y el fin. Al que tenga sed le daré gratuitamente de la fuente del agua de la vida.»

En el Apocalipsis, el escritor nos ofrece una visión de restauración completa, un nuevo cielo y una nueva tierra, donde todo lo que era viejo y quebrantado es renovado por el poder transformador de Dios. En el contexto de la vida humana, este pasaje bíblico nos habla profundamente, trayendo consigo un mensaje de esperanza inmensa y renovación. Nos invita a pensar en cómo el sufrimiento puede convertirse en una oportunidad para un cambio interior, una restauración de las heridas que marcan nuestra existencia, y nos promete un futuro lleno de luz y de paz. Este capítulo se adentra en la manera en que, por medio de la acción transformadora de Dios, el sufrimiento puede abrirnos la puerta a un nuevo comienzo, y cómo, desde la visión cristiana, el dolor, en todas sus formas, tiene el potencial de convertirse en una fuente de vida y de redención.

1. De la destrucción a la renovación: el proceso de transformación

El sufrimiento humano es una de las experiencias más universales y profundas que nos atraviesan a lo largo de nuestra vida. Viene a nosotros de forma inesperada, a menudo devastadora, y nos despoja de nuestra paz interior, nos arrastra, nos confunde, y a veces nos deja en la duda de si alguna vez volveremos a encontrar sentido a todo lo que vivimos. La pérdida de seres queridos, la enfermedad, las injusticias, las traiciones: son estas las formas de sufrimiento que se nos presentan de manera más evidente, arrebatándonos la calma y sumergiéndonos en un mar de desesperación. Sin embargo, el cristianismo nos ofrece una visión radicalmente diferente sobre el sufrimiento. No lo vemos como un fin, sino como un principio, un principio de transformación y de esperanza. Como lo expresa San Pablo en su carta a los romanos: "La gloria futura no se puede comparar con el sufrimiento presente" (Romanos 8,18). Esta perspectiva no solo nos invita a mirar el sufrimiento con una nueva luz, sino que nos recuerda que, lejos de ser una fatalidad, tiene un propósito redentor, sobre todo cuando lo entregamos a Dios como un medio de crecimiento espiritual.

El sufrimiento como parte del proceso de transformación

Desde una mirada psicológica, el sufrimiento no se presenta solo como una catástrofe que destruye nuestras vidas, sino como una etapa crucial en el proceso de adaptación y crecimiento. Viktor Frankl, psiquiatra y sobreviviente del Holocausto, profundiza en esta idea en su obra *El hombre en busca de sentido* (2018). Frankl sostiene que el sufrimiento es una constante en la experiencia humana, pero lo que realmente marca la diferencia es la forma en que respondemos a él. A través de su propia experiencia en los campos de concentración, Frankl descubrió que, aunque no siempre podemos elegir las circunstancias que nos tocan, sí podemos decidir cómo las interpretamos y cómo nos enfrentamos a ellas. En su enfoque de la logoterapia, pone énfasis en que el sufrimiento puede convertirse en un punto de partida para el crecimiento personal y espiritual, si somos capaces de darle un sentido profundo. Frankl nos enseña que, a través de la interpretación positiva del sufrimiento, podemos encontrar un propósito y un sentido incluso en las situaciones más oscuras, y que este sentido se convierte en un motor de transformación interna.

Frankl afirma que la capacidad de encontrar sentido en medio del sufrimiento no solo es un mecanismo de supervivencia, sino también una forma de trascender ese dolor. La transformación pasa por un proceso de reinterpretación, en el que dejamos de ver el sufrimiento como algo que nos destruye, y comenzamos a comprenderlo como una oportunidad de crecimiento y aprendizaje.

La vulnerabilidad: un espacio de potencial

La psicóloga Brené Brown (2018) ofrece una perspectiva adicional sobre el proceso de transformación a través del sufrimiento. Brown nos dice que la vulnerabilidad, lejos de ser una debilidad, es en realidad un espacio de potencial y crecimiento. En una cultura que tiende a ver la vulnerabilidad como una carencia, ella nos recuerda que es precisamente en esos momentos de fragilidad donde tenemos la oportunidad de descubrir una fortaleza interna que de otro modo permanecería oculta.

Cuando sufrimos, nuestra tendencia natural es aislarnos y proteger nuestras heridas, por miedo a ser vistos en nuestra debilidad. Pero Brown subraya que compartir nuestras luchas y nuestra vulnerabilidad con los demás es lo que nos permite conectarnos de manera auténtica, tanto con los otros como con nosotros mismos. En este sentido, la vulnerabilidad se convierte en una puerta hacia la sanación, ya que abrirse al dolor y a la fragilidad nos permite recibir consuelo de los demás y experimentar la compasión mutua.

En el contexto de la fe cristiana, la vulnerabilidad puede verse como un acto de entrega a Dios. El sufrimiento no solo se presenta como una oportunidad de crecimiento personal, sino como un camino de apertura al amor divino. Cuando nos entregamos en nuestra vulnerabilidad, Dios se convierte en el refugio que nos permite sanar y transformar nuestras heridas, convirtiéndolas en una fuente de vida.

La misericordia de Dios: transformación desde el sufrimiento

El sufrimiento humano, en su cruda realidad, nunca es indiferente para Dios. En la tradición cristiana, creemos que Dios no es un espectador distante que observa desde lejos, sino que se introduce en el sufrimiento del ser humano, participando activamente en la transformación de nuestras heridas. A través de la figura de Cristo, Dios no solo asume el sufrimiento humano, sino que lo transforma. La cruz, ese símbolo de sufrimiento por excelencia, se convierte en un signo de esperanza y redención, porque, a través de la muerte y resurrección de Cristo, el sufrimiento se transforma en una fuente de vida nueva.

La promesa de renovación que encontramos en el libro de Apocalipsis es una manifestación clara de la acción transformadora de Dios: "Vi un cielo nuevo y una tierra nueva, porque el primer cielo y la primera tierra habían desaparecido" (Apocalipsis 21, 1). Este versículo no solo nos habla de un futuro escatológico, de la plenitud final de la humanidad, sino que también refleja la posibilidad de renovación en nuestra vida personal. La regeneración no es instantánea ni siempre fácil, pero es una promesa firme. De la destrucción que el sufrimiento puede traer a nuestras vidas, Dios puede hacer nacer algo nuevo. La transformación de la herida en una fuente de vida es un proceso que se lleva a cabo con la cooperación de nuestra voluntad y la gracia de Dios.

Un proceso continuo

La transformación a través del sufrimiento no es un evento aislado ni una solución rápida. Es un proceso continuo que requiere tiempo, paciencia y una disposición constante a cooperar con la gracia divina. Dios, al ofrecernos la posibilidad de una "nueva creación", nos invita a participar en un proceso de renovación que no solo afecta nuestras circunstancias externas, sino que transforma nuestra propia naturaleza interior. La obra de sanación de Dios no es la eliminación del sufrimiento, sino su redención, una conversión que nos permite ver el dolor con una nueva perspectiva.

La regeneración que nos ofrece Cristo es un acto profundo de transformación, que abarca nuestro cuerpo, alma y espíritu. Según San Pablo, "no sabéis que sois templo de Dios, y que el Espíritu de Dios mora en vosotros" (1 Corintios 3, 16). Esta morada del Espíritu Santo en nosotros es la que posibilita la transformación, un proceso de restauración de todo nuestro ser, que nos lleva a una vida renovada en Dios.

De la destrucción a la renovación

El sufrimiento, aunque doloroso y desgarrador, no es el final de nuestra historia. A través de la fe y la cooperación con la gracia divina, el sufrimiento puede convertirse en un vehículo de transformación que nos lleva de la destrucción a la renovación. Como nos expresa el Apocalipsis, Dios hace nuevas todas las cosas, incluyendo nuestras vidas rotas y nuestras heridas profundas. La transformación que se da a través del sufrimiento es un proceso que no solo está orientado a la sanación personal, sino que también tiene implicaciones para la vida eterna, donde el dolor ya no tiene cabida.

Este proceso de transformación nos invita a vivir con esperanza, no porque ignoremos el dolor, sino porque sabemos que Dios puede transformarlo en algo hermoso. La cruz de Cristo nos recuerda que del sufrimiento surge la vida, y de la muerte nace la resurrección. En cada momento de dolor, la promesa de una nueva creación está presente, invitándonos a caminar hacia un futuro en el que todo será renovado, todo será restaurado, y toda lágrima será enjugada por la mano amorosa de Dios.

2. Hacer nuevas todas las cosas: un nuevo comienzo en Dios

La idea de un "nuevo comienzo" es una de las piedras angulares del cristianismo. En el libro del Apocalipsis, Jesús nos da una promesa llena de esperanza: "Mira que hago nuevas todas las cosas" (Ap 21,5). Este mensaje no es solo una afirmación de cambio, sino una promesa de transformación profunda y total. La renovación que Dios ofrece no es superficial ni pasajera. Es un acto divino que llega hasta lo más profundo de nuestra ser, renovando nuestra alma y cuerpo. En medio del sufrimiento, esta promesa se torna aún más poderosa, pues nos recuerda que Dios no se limita a restaurar lo que fue dañado, sino que lo hace de una manera que supera todo lo que podríamos esperar.

El sufrimiento, visto desde la óptica cristiana, no es un final sin salida ni una señal de abandono por parte de Dios. Muy al contrario, puede ser un lugar donde encontramos a Dios, un espacio en el que experimentamos Su amor transformador. La visión cristiana nos invita a mirar el sufrimiento no como algo a evitar, sino como una oportunidad para acercarnos a Dios y purificarnos. Esta perspectiva resuena también en la psicología del dolor emocional, en la que el sufrimiento, paradójicamente, se convierte en un camino hacia el crecimiento personal. Como nos dice la psicóloga Kristin Neff (2017), la autocompasión, especialmente en momentos de dolor, es crucial para nuestra sanación emocional. Aprender a ser amables con nosotros mismos, a aceptar nuestras debilidades y limitaciones, puede ser el primer paso hacia una verdadera sanación del alma.

El sufrimiento como medio de purificación y crecimiento

El cristiano es invitado a ver el sufrimiento no como una carga que hay que soportar, sino como una oportunidad para encontrarse con Cristo. San Pablo nos lo recuerda con claridad: "Nos gloriamos en las tribulaciones, sabiendo que la tribulación produce paciencia, la paciencia prueba, y la prueba esperanza" (Rom 5,3-4). Aquí, el sufrimiento se convierte en un proceso de purificación, un medio por el cual nos acercamos a la gracia de Dios. Este proceso de transformación es esencial para la santificación, un camino que no solo tiene dimensiones espirituales, sino también psicológicas.

Desde la psicología contemporánea, se reconoce que el sufrimiento puede ser una fuente de renovación personal. Viktor Frankl, en su obra *El hombre en busca de sentido* (2018), nos muestra que, aunque el sufrimiento es inevitable, la manera en que lo enfrentamos puede definir nuestro futuro emocional y espiritual. La forma en que respondemos a las adversidades determina en gran medida nuestra capacidad de encontrar un propósito en la vida y de reescribir nuestra historia. Según Frankl, el sufrimiento puede convertirse en un puente hacia el crecimiento espiritual y psicológico, siempre y cuando lo veamos no como el fin, sino como el medio para alcanzar algo más grande.

Este proceso de transformación está relacionado con las ideas teológicas de la justificación y la santificación. Según N. T. Wright (2019), la justificación no es un acto puntual que nos declare justos ante Dios, sino un proceso continuo de transformación interna. En este proceso, Dios restaura nuestra humanidad original, llevándonos a ser lo que realmente fuimos creados para ser. La santificación, entonces, es un trabajo divino que permite que el sufrimiento, cuando lo vivimos unidos a Cristo, se convierta en una herramienta de formación espiritual que nos guía a un "nuevo comienzo" en Dios.

La renovación y la psicología positiva: crecimiento postraumático

La promesa de que Dios hace "nuevas todas las cosas" no implica que el sufrimiento se borre o se ignore. Más bien, significa que, mediante la acción redentora de Dios, incluso nuestras cicatrices pueden convertirse en signos de Su gracia. Al igual que un campo devastado por el fuego puede renacer con nuevas plantas, el sufrimiento puede ser el terreno fértil donde brotan nuevas virtudes, como la paciencia, la empatía y la fortaleza. La psicología positiva, liderada por figuras como Martin Seligman (2019), ha explorado cómo las personas que atraviesan experiencias traumáticas o dolorosas no solo pueden superar esas adversidades, sino que pueden experimentar lo que se conoce como "crecimiento postraumático". Este fenómeno describe cómo, tras enfrentar una crisis o un sufrimiento, una persona puede experimentar un aumento en su bienestar emocional, una mayor apreciación por la vida y un fortalecimiento de sus relaciones interpersonales.

El crecimiento postraumático nos muestra cómo el sufrimiento puede convertirse en una oportunidad para un cambio positivo. Seligman (2019) señala diversas áreas donde las personas pueden experimentar este tipo de crecimiento, tales como un mayor aprecio por la vida, una mayor capacidad de empatía, un sentido más profundo de conexión con los demás y un propósito más claro en la vida. Estos cambios no ocurren de manera automática, sino como resultado de un proceso consciente, en el que la persona, al enfrentar su dolor, elige transformarse. Este proceso de renovación puede verse como un reflejo espiritual del "nuevo cielo y nueva tierra" que describe Apocalipsis, donde todo lo que fue destruido se transforma en algo nuevo y mejor.

La promesa de una nueva creación

La promesa de que Dios "hace nuevas todas las cosas" no es solo una esperanza para el futuro, sino una realidad que se hace presente en la vida de los creyentes. Al abrazar el sufrimiento con la ayuda de Dios, podemos experimentar una profunda renovación que transforma no solo el sufrimiento mismo, sino toda nuestra vida. Como bien nos recuerda el Papa Francisco en *La alegría del Evangelio* (2013), la fe cristiana no es solo una creencia, sino una experiencia transformadora que abarca todos los aspectos de nuestra existencia humana. La vida cristiana está marcada por la esperanza de que, a través de la muerte y resurrección de Cristo, todo lo que se ha perdido o destruido puede ser restaurado y transformado.

La afirmación de Apocalipsis 21,5, "Mira que hago nuevas todas las cosas", se cumple en nosotros cada vez que nos abrimos a la acción transformadora de la gracia divina. El sufrimiento, lejos de ser un obstáculo, puede convertirse en una puerta abierta hacia una nueva vida, un proceso continuo de crecimiento y renovación que solo se puede vivir en la presencia de Dios. La invitación cristiana es clara: abrazar el sufrimiento con esperanza, sabiendo que en él se esconde la posibilidad de un nuevo comienzo, una nueva creación donde el dolor no es el final, sino el inicio de una nueva historia tejida con el amor y la gracia de Dios.

3. La esperanza escatológica: vivir con la mirada en el futuro eterno

La esperanza escatológica es un pilar fundamental de nuestra fe cristiana, que nos brinda una visión profundamente humana sobre cómo vivir frente al sufrimiento y la adversidad. La escatología, entendida como la enseñanza sobre los últimos tiempos, nos habla de la promesa de una restauración completa y final de todo lo creado por Dios. En este horizonte de esperanza, que se enfoca en la plenitud de la redención que Él ha prometido, encontramos un refugio de consuelo y fortaleza para afrontar los retos de la vida. El apóstol Juan, en el libro de Apocalipsis, nos regala una visión conmovedora de esta esperanza: "Mira que hago nuevas todas las cosas" (Ap 21,5). Esta declaración no es solo una descripción de lo que sucederá en el futuro, sino una promesa viva que nos asegura que Dios está en medio de nosotros, redimiendo nuestro sufrimiento y transformando la creación en una nueva realidad llena de gloria.

De esta manera, la esperanza escatológica no es una simple espera pasiva de un futuro incierto, sino una fuerza vivificadora que impacta profundamente nuestro presente. La visión cristiana de la escatología no se limita a esperar que, al final de los tiempos, Dios restaurará todas las cosas; más bien, nos invita a vivir con los ojos fijos en el futuro eterno de Dios, lo que nos permite comprender el sufrimiento presente dentro de un contexto de redención. Esta esperanza nos da la certeza de que ni el sufrimiento ni la muerte son los últimos capítulos de la historia humana, sino que forman parte de un proceso más grande de restauración y resurrección que culminará en la victoria definitiva de Dios.

La escatología como esperanza presente

La escatología cristiana nos enseña que, aunque el sufrimiento es una realidad que no podemos negar, su impacto final no será destructivo. El teólogo Jürgen Moltmann (2017) subraya que la esperanza cristiana no es simplemente una espera pasiva de un evento futuro, sino una promesa continua de que Dios está obrando en la historia humana para llevar a cabo una restauración completa y definitiva. Como él mismo afirma: "La esperanza cristiana no es solo una esperanza de consuelo, sino de un cambio radical en la realidad, una esperanza de liberación y transformación" (Moltmann, 2017, p. 78).

En este sentido, la esperanza escatológica no es solo una proyección hacia el futuro, sino una realidad vivida intensamente en el presente, que transforma nuestra forma de percibir el sufrimiento. Como nos recuerda Moltmann, el sufrimiento no tiene la última palabra en la vida de los cristianos, ya que, al final, la historia humana culminará en la luz eterna de la presencia de Dios. Esta mirada escatológica nos invita a ver el sufrimiento no como el final de todo, sino como una etapa dentro de un proceso de redención, que concluirá con la victoria definitiva de Dios sobre el mal y la muerte.

Sufrimiento y esperanza escatológica

Una de las verdades más profundas de la esperanza escatológica es su poder para transformar nuestra visión del sufrimiento. La promesa de un cielo nuevo y una tierra nueva, tal como se describe en Apocalipsis 21, nos ofrece una perspectiva radicalmente diferente sobre el dolor humano. Si el sufrimiento fuera la última palabra, la vida perdería todo sentido y propósito; sin embargo, la esperanza cristiana nos asegura que el sufrimiento tiene un lugar dentro del plan divino de redención. En lugar de ser una fuerza definitiva y destructiva, el sufrimiento se convierte en parte de un proceso más grande de restauración y resurrección que Dios ha prometido.

El teólogo Gustavo Gutiérrez (2018) nos recuerda que "la esperanza cristiana no ignora el sufrimiento, sino que lo enfrenta con la certeza de que, en Cristo, la muerte y el dolor han sido vencidos" (Gutiérrez, 2018, p. 56). Este enfoque no niega la realidad del sufrimiento, sino que le da un nuevo sentido. El sufrimiento cristiano no es un final sin esperanza, sino una etapa dentro del proceso de transformación que Dios está llevando a cabo. En este sentido, la esperanza escatológica no se limita a la espera de una redención futura, sino que ya está actuando en el presente, transformando nuestro sufrimiento y dándonos la fuerza necesaria para vivir con esperanza.

La esperanza escatológica como motivación para la acción

La esperanza escatológica no solo transforma nuestra forma de comprender el sufrimiento, sino que también nos impulsa a vivir de manera activa en el presente. La teóloga Elizabeth Johnson (2018) afirma que la esperanza en la promesa de Dios debe tener un impacto tangible en nuestras vidas cotidianas. La esperanza no es solo una fuente de consuelo, sino una fuerza que nos impulsa a actuar: "La esperanza cristiana debe llevarnos a un compromiso activo con la justicia, la paz y la reconciliación en el mundo" (Johnson, 2018, p. 134).

Johnson explica que la esperanza escatológica tiene una dimensión ética, ya que nos llama a vivir de acuerdo con la visión del reino de Dios aquí y ahora. Vivir con los ojos puestos en el futuro eterno no significa evadir el sufrimiento presente, sino enfrentarlo con la certeza de que Dios usará ese sufrimiento para nuestro bien y para Su gloria. Al actuar con esperanza, no solo participamos en la transformación de nuestra vida personal, sino que también contribuimos activamente a la construcción del reino de Dios en la tierra.

La acción transformadora que brota de la esperanza escatológica se manifiesta en nuestra vida diaria. Como cristianos, estamos llamados a luchar por la justicia, a trabajar por la paz y a consolar a los que sufren, no solo como una respuesta humana al sufrimiento, sino como una participación activa en el trabajo de Dios en la historia. Esta esperanza nos invita a vivir con una visión transformadora, sabiendo que nuestras vidas y nuestras acciones tienen un propósito eterno.

La esperanza escatológica y la victoria final de Dios

Finalmente, la esperanza escatológica nos ofrece la certeza de que, aunque el sufrimiento es real y está presente, la historia no terminará con la derrota del mal. La victoria final de Dios sobre el sufrimiento y la muerte es la esperanza que sostiene a los cristianos en medio de la adversidad. Esta esperanza no es solo una promesa futura, sino una certeza que transforma nuestra comprensión del sufrimiento y nos da la confianza de que, al final, todo será restaurado.

Dios está obrando en el mundo, transformando todas las cosas y renovando la creación. Esta afirmación subraya nuestra esperanza de que, incluso en medio de la crisis y el sufrimiento, Dios está obrando para traer una nueva creación, donde el sufrimiento será vencido y donde la vida será renovada en Cristo.

La esperanza escatológica es una parte esencial de nuestra fe cristiana, que nos ofrece una perspectiva profundamente transformadora sobre el sufrimiento. Vivir con la mirada fija en el futuro eterno nos permite afrontar el sufrimiento presente con la certeza de que, en Cristo, todo será restaurado. La esperanza no solo consuela, sino que nos impulsa a la acción, nos lleva a trabajar por la justicia y la paz y nos invita a participar activamente en la construcción del reino de Dios. Al final, la esperanza escatológica nos ofrece la certeza de que, aunque el sufrimiento es una parte inevitable de nuestra realidad, no tiene la última palabra. La victoria de Dios sobre el mal y la muerte es nuestra esperanza final, y es esta esperanza la que da sentido y propósito a nuestra vida aquí en la tierra.

Conclusión: El sufrimiento como camino hacia la transformación

El sufrimiento, esa realidad que nos toca a todos en algún momento de nuestra vida, puede parecer un peso insoportable, una sombra que oscurece nuestro caminar. Pero, lejos de ser el final de nuestra historia, el sufrimiento es, en realidad, una etapa dentro de un proceso mucho más profundo, lleno de la oportunidad de una transformación radical. En la tradición cristiana, el sufrimiento no es visto como un castigo divino ni como un azar sin sentido, sino como una oportunidad que puede ser redimida por la acción amorosa y poderosa de Dios. En palabras del apóstol Pablo, "la creación entera aguarda con ansias la revelación de los hijos de Dios" (Rom 8,19), un momento en que todo lo quebrantado será restaurado en la gloria de la presencia divina.

La transformación que el sufrimiento puede traer no se da de inmediato ni es siempre visible en el instante en que lo vivimos. Sin embargo, la esperanza escatológica nos ofrece una nueva mirada sobre lo que estamos atravesando. En la visión apocalíptica de "un cielo nuevo y una tierra nueva" (Ap 21,1), encontramos una promesa de restauración total, no solo en términos cósmicos, sino también de manera personal, profunda y existencial. Esta restauración no es algo que solo sucederá al final de los tiempos, sino que es un proceso en el que nosotros, los seres humanos, tenemos la oportunidad de participar activamente. Como bien lo expresa la teóloga Elizabeth Johnson (2018), la esperanza cristiana no se reduce a un consuelo futuro, sino a una transformación presente que nos impulsa a vivir con valentía, actuando en el mundo según el reino de Dios que ya está entre nosotros.

El sufrimiento, por tanto, no es una experiencia aislada ni sin sentido; se convierte en un lugar sagrado donde podemos experimentar la redención. Esta perspectiva profundamente cristiana nos invita a ver el sufrimiento no como una carga que nos aplasta, sino como un camino hacia una vida nueva. A través del sufrimiento, las heridas de la vida pueden transformarse en fuentes de vida y gracia. Este proceso de transformación, como lo señala el teólogo Gustavo Gutiérrez (2018), no niega el sufrimiento, sino que lo integra en un proceso más amplio de restauración. Así como la resurrección de Cristo fue el acto supremo de transformar el sufrimiento en gloria, nuestra participación en el sufrimiento también puede ser vista como un medio de acercarnos a nuestra propia resurrección, tanto personal como colectiva.

Este proceso de renacer, de vivir un nuevo comienzo, está sostenido por la esperanza escatológica. Una esperanza que, incluso en medio de la oscuridad y la lucha, nos recuerda que Dios está obrando en el mundo y en nuestras vidas para hacer nuevas todas las cosas. Como lo expresa Jürgen Moltmann (2017), la esperanza cristiana no es una espera pasiva, sino un impulso activo que nos lleva a vivir el presente con una mirada puesta en el futuro eterno. Vivir con la esperanza escatológica significa ver más allá del sufrimiento inmediato, comprendiendo que, al final, la historia humana culminará en una victoria definitiva sobre la muerte y el dolor. Esta esperanza no está separada del sufrimiento, sino que lo incluye, dándole un nuevo sentido, una nueva dirección.

Es desde esta perspectiva escatológica que podemos encontrar la verdadera paz, incluso en medio del sufrimiento. A pesar de que el dolor es real y muchas veces devastador, la esperanza de que todo será restaurado nos da la fortaleza para seguir adelante. El sufrimiento no tiene la última palabra. Es, en cambio, una etapa transitoria, un paso más en el camino hacia una vida nueva, una vida que será completamente restaurada en la presencia de Dios. Como lo señala el teólogo colombiano Leonardo Boff (2019), "la vida no es la historia del sufrimiento, sino la historia de la liberación de ese sufrimiento" (Boff, 2019, p. 88). Así, el sufrimiento, lejos de ser un obstáculo para la vida, se convierte en un medio de transformación y renovación, cuando lo miramos a través de los ojos de la esperanza escatológica.

Este renacer no es solo una promesa que aguarda en el futuro, sino que tiene implicaciones profundas para nuestra vida diaria. La esperanza escatológica nos llama a vivir en el presente con la certeza de que Dios está obrando en nosotros. Al mirar hacia el futuro con esperanza, nos convertimos en agentes de cambio en un mundo que aún está atrapado en el sufrimiento. El sufrimiento ya no es nuestro enemigo, sino una oportunidad para vivir la redención aquí y ahora, y para prepararnos para la restauración final que vendrá.

En conclusión, el sufrimiento, aunque inevitable, no es el final de nuestra historia. Es, más bien, una etapa en un proceso continuo de transformación. A través de la acción redentora de Dios, el sufrimiento se convierte en una fuente de vida y gracia. La esperanza escatológica nos ofrece una visión que va más allá del dolor inmediato y nos invita a vivir con la certeza de que, al final, todo será restaurado. Así, el sufrimiento no tiene la última palabra. Es solo un capítulo en el camino hacia una vida nueva, una vida que será restaurada, tanto aquí como en la eternidad.

CAPÍTULO 9: "LA PAZ OS DEJO, MI PAZ OS DOY"

Tema: La paz interior como fruto del encuentro con Dios en medio de la ansiedad

Juan 14, 25-31

"Os he hablado de esto mientras estoy con vosotros. Pero el Paráclito, el Espíritu Santo, que el Padre enviará en mi nombre, os lo enseñará todo y os recordará todo lo que os he dicho. La paz os dejo, mi paz os doy; no os la doy como la da el mundo. No se turbe vuestro corazón ni se acobarde. Habéis oído que os he dicho: 'Voy, pero volveré a vosotros.' Si me amarais, os alegraríais de que vaya al Padre, porque el Padre es más grande que yo. Os he dicho esto antes de que suceda, para que cuando suceda, creáis. No hablaré mucho más con vosotros, porque se acerca el príncipe de este mundo. No tiene poder sobre mí; pero el mundo tiene que saber que amo al Padre y que hago siempre lo que el Padre me ha mandado. Levantaos, vámonos de aquí."

En un mundo marcado por la incertidumbre, las tensiones y el ruido constante, la paz se siente como un tesoro lejano, tan difícil de encontrar y, sin embargo, tan profundamente deseado. En ese contexto, las palabras de Jesús a sus discípulos, poco antes de su pasión, resuenan con una fuerza que toca lo más íntimo del ser humano: "La paz os dejo, mi paz os doy" (Jn 14, 27). Esta paz no es la que el mundo ofrece, una paz fugaz, frágil y superficial, sino una paz que es verdadera, duradera y profunda, que nace del encuentro con Dios mismo. En medio de las tormentas que nos azotan, esta paz se convierte en un refugio seguro, un lugar donde podemos encontrar consuelo, calma y serenidad. No es solo la ausencia de conflicto, no es una paz externa que depende de las circunstancias, sino una paz que brota desde lo más profundo del corazón, una paz que nos da la fuerza para enfrentar las dificultades con una mirada nueva, con una esperanza renovada.

1. La paz que el mundo no da: el don divino de la paz

El primer paso para comprender la paz que Cristo nos ofrece es reconocer que no se trata de una paz que dependa de las circunstancias externas, sino de un regalo divino que brota del encuentro con Dios. En la sociedad moderna, solemos asociar la paz con la ausencia de problemas, la eliminación de conflictos o el logro de una estabilidad temporal. Sin embargo, esta paz es frágil, efímera y condicionada a factores que están fuera de nuestro control. Los estudios actuales sobre la paz interna, como los realizados por la psicóloga Brené Brown (2019), nos muestran que la paz superficial, basada en la ausencia de conflictos o en la acumulación de bienes materiales, es limitada, pues puede desmoronarse en un instante, cuando nos enfrentamos a lo inesperado o a situaciones de tensión.

La paz que Cristo nos da, en cambio, es mucho más profunda, mucho más duradera. En el Evangelio de Juan, Jesús nos dice con una serenidad y una promesa incomparables: "La paz os dejo, mi paz os doy; no os la doy como el mundo la da" (Jn 14, 27). Esta distinción nos deja clara la diferencia esencial entre la paz que el mundo nos ofrece y la paz que Jesús trae a nuestras vidas. La paz del mundo está atada a lo temporal, a lo cambiante, a lo que depende de factores externos. Pero la paz de Cristo es una paz que trasciende todo eso. No depende de la resolución de conflictos, ni de la ausencia de problemas. Está anclada en la certeza de que Él está con nosotros, incluso en medio de las tormentas más desoladoras de la vida.

Según el teólogo y filósofo Paul Tillich (2018), la paz interior que Cristo nos regala se basa en una confianza plena en la gracia de Dios. Esta paz no es algo pasajero, no es un simple sentimiento momentáneo; es una experiencia profunda de reconciliación que nos permite vivir en armonía con nosotros mismos y con los demás, incluso cuando todo parece desmoronarse a nuestro alrededor. En sus palabras, como también apunta el teólogo James Cone (2017), esta paz es fruto de un proceso de reconciliación con Dios, que nos libera del miedo y la ansiedad, y nos da el valor y la serenidad necesarios para enfrentar los retos de la vida con la tranquilidad de saber que no estamos solos.

Desde un punto de vista psicológico, la paz de Cristo se podría comparar con lo que conocemos como bienestar interior o equilibrio emocional. Según el psicólogo David Burns (2019), el bienestar emocional es aquel estado que logramos cuando somos capaces de gestionar nuestras emociones y pensamientos de manera saludable, sin que las circunstancias externas nos controlen. Pero la paz que Jesús nos ofrece va mucho más allá de este concepto. No se trata solo de regular nuestras emociones. Es una transformación radical que surge del encuentro personal con Dios. La paz de Cristo no es simplemente un estado emocional pasajero; es un don divino que transforma el corazón humano, llenándolo de calma y confianza, aún en los momentos más oscuros de la adversidad.

El concepto de paz en la tradición cristiana tiene raíces profundas en la palabra hebrea "shalom", que no solo significa la ausencia de conflicto, sino una paz integral, restauradora, que va mucho más allá de la simple calma interna. Esta paz no solo implica bienestar personal, sino también justicia, equidad y armonía en las relaciones interpersonales. En este contexto, la paz que Cristo ofrece no se limita a la experiencia individual, sino que se extiende a toda la sociedad, convirtiéndose en un principio de transformación social. Como bien señala el teólogo y filósofo René Girard (2017), la verdadera paz solo se alcanza cuando las personas viven en justicia y amor mutuo, reflejando así el amor de Dios en sus relaciones diarias.

Así como un ancla mantiene firme a un barco en medio de la tormenta, la paz divina actúa como el ancla que mantiene estable el alma humana, otorgándole una estabilidad emocional y espiritual que no se ve afectada por las tormentas externas, porque su base es la confianza inquebrantable en el amor incondicional de Dios. Esta comprensión de la paz no es solo un estado emocional pasajero, sino una transformación radical que afecta a toda nuestra vida, cambiando nuestra forma de ser, de vivir y de relacionarnos con los demás.

En los momentos de angustia y ansiedad, la paz que Cristo nos ofrece se convierte en un refugio, un lugar seguro en el que podemos hallar consuelo y descanso. Como afirma el teólogo N.T. Wright (2020), la paz de Cristo es un "refugio seguro" que nos permite enfrentar las dificultades de la vida con una nueva perspectiva, confiando en que Dios tiene el control de todas las circunstancias. En las palabras de Jesús, esta paz no es solo un consuelo; es también una fuente de fortaleza que nos capacita para atravesar la adversidad con esperanza renovada.

Así que entender la paz que Cristo nos da implica reconocer que esta paz es mucho más que un simple estado emocional. Es un don divino que trasciende cualquier circunstancia externa, un regalo de reconciliación con Dios que nos permite vivir en armonía con nosotros mismos y con los demás. Esta paz no es efímera ni superficial, sino una paz duradera que permanece firme en medio de las dificultades y que se extiende a todos los aspectos de nuestra vida. Como cristianos, nuestra tarea es abrir nuestro corazón a esta paz divina, permitir que transforme nuestras vidas y nuestras relaciones, y convertirnos en instrumentos de paz en un mundo marcado por el conflicto y la ansiedad.

2. El corazón en calma: estrategias para cultivar la paz interior

Cultivar la paz interior es un camino profundo que exige esfuerzo, paciencia y un compromiso constante con nosotros mismos. Aunque la paz que Cristo nos ofrece es un don divino, nuestra participación es esencial para que esta paz se haga realidad en nuestras vidas. Cada día, enfrentamos las turbulencias de la vida, las cargas que nos pesan, y sin embargo, podemos aprender a crear un espacio interior donde el corazón encuentre refugio, aún en medio de la ansiedad y el caos. Este camino hacia la paz está lleno de estrategias y hábitos que nos ayudan a mantener la calma, desde las prácticas espirituales más tradicionales, como la meditación y la oración, hasta las herramientas más modernas provenientes de la psicología positiva, el autocuidado y la gestión emocional. La clave es crear ese espacio sagrado en el interior donde el alma pueda descansar, mantenerse serena y resistir las presiones externas.

Meditación y oración: prácticas fundamentales

La meditación y la oración son dos de las prácticas más transformadoras y profundas para cultivar la paz interior. En el ámbito cristiano, estas no son solo formas de comunicarnos con Dios, sino puertas abiertas hacia una paz que trasciende nuestra comprensión humana. El Salmo 46,10 nos invita a experimentar la quietud: "Estad quietos, y sabed que yo soy Dios". Es una invitación a detenernos en medio del bullicio de nuestras vidas para entrar en la presencia divina, un lugar donde podemos experimentar la paz que solo Dios es capaz de darnos. Meditar, en este sentido, no solo implica concentración, sino también abrir el corazón y la mente a la serenidad de la presencia de Dios, alejándonos del ruido interno y permitiéndonos descansar en Él.

La psicóloga Kristin Neff (2017) nos habla de los beneficios de la meditación, especialmente la de atención plena (mindfulness), que ayuda a reducir el estrés y la ansiedad. Estas prácticas son fundamentales para la autorregulación emocional, pues nos enseñan a mantenernos centrados, incluso cuando la vida se vuelve desafiante. Para el cristiano, la meditación se convierte en una vía para sumergirse más profundamente en la paz de Cristo, una paz que no depende de lo que nos rodea, sino de la certeza de la presencia divina en nuestras vidas.

La oración, como un diálogo continuo con Dios, es otra herramienta esencial en este camino hacia la paz. El teólogo Thomas Keating (2018) nos recuerda que la oración es una manera de abrir nuestro ser al amor y la gracia de Dios. A través de la oración, el corazón cristiano se enraíza en el amor incondicional de Dios, y en este encuentro con Él, la paz interior se fortalece, porque recordamos que nuestra vida está sostenida por Su gracia, incluso cuando las luchas externas parecen abrumarnos.

Psicología positiva y herramientas para la paz interior

Además de las prácticas espirituales, la psicología positiva ofrece poderosas herramientas para ayudarnos a manejar el estrés y la ansiedad de manera más efectiva. Según Martin Seligman (2018), el cultivo de emociones positivas como la gratitud y el optimismo es una de las estrategias más eficaces para mejorar nuestro bienestar emocional. Practicar la gratitud, por ejemplo, transforma nuestra visión de la vida, enfocándonos no en lo que nos falta, sino en lo que ya tenemos. Este cambio de perspectiva puede ser un refugio de paz, pues nos aleja de las preocupaciones y nos permite vivir el presente con mayor plenitud y serenidad.

Asimismo, la psicología cognitiva ha demostrado que cambiar los patrones de pensamiento negativo puede ser crucial para reducir la ansiedad. David Burns (2020) explica que los pensamientos automáticos y distorsionados son una fuente importante de malestar emocional. Aprender a reconocer estos pensamientos y reestructurarlos de manera más saludable es una forma poderosa de encontrar la calma interior. Para los cristianos, esto también implica mirar la vida desde los ojos de la fe, recordando que, incluso en las dificultades, Dios está con nosotros, ofreciéndonos la paz que el mundo no puede dar.

El autocuidado como camino hacia la paz

El autocuidado es una pieza fundamental para cultivar la paz interior. Cuidar de nuestro cuerpo, mente y espíritu no es un lujo, sino una necesidad para mantener el equilibrio y vivir en paz. La Biblia misma nos enseña la importancia de cuidar el cuerpo como templo del Espíritu Santo: "¿No sabéis que vuestro cuerpo es templo del Espíritu Santo, el cual está en vosotros, el cual tenéis de Dios, y que no sois vuestros?" (1 Cor 6,19). En este sentido, el autocuidado es una práctica sagrada, que nos invita a reconocer que nuestro cuerpo no nos pertenece, sino que es un instrumento de la gracia divina.

El cuidado físico incluye hábitos sencillos pero vitales, como una alimentación equilibrada, ejercicio regular y descanso adecuado. Estos hábitos permiten que el cuerpo funcione de manera óptima, lo cual, a su vez, favorece un estado emocional y mental saludable. Investigaciones recientes muestran que el ejercicio tiene efectos beneficiosos sobre el bienestar emocional, pues aumenta la producción de endorfinas y reduce los niveles de cortisol, la hormona del estrés (Müller et al., 2021).

El autocuidado emocional también juega un papel fundamental. Se trata de reconocer nuestras propias necesidades emocionales y actuar en consecuencia, ya sea a través de actividades recreativas, estableciendo límites saludables o buscando apoyo en momentos de dificultad. Como señala Daniel Goleman (2019), la inteligencia emocional es crucial para mantener un equilibrio interior, y nos permite gestionar nuestras emociones de manera saludable. Esto también implica reconocer cuando estamos agotados emocionalmente y tomar las medidas necesarias para recuperar nuestra paz, ya sea descansando, meditando o compartiendo con personas de confianza.

El perdón como liberación y camino hacia la paz

El perdón es un elemento esencial para cultivar la paz interior. La psicóloga Sherrie Campbell (2019) nos recuerda que el perdón no es solo un acto moral, sino una liberación psicológica que reduce el estrés y promueve la paz. El resentimiento y el rencor solo cargan nuestro corazón, impidiéndonos vivir en paz. En la tradición cristiana, el perdón no solo es una acción liberadora, sino una invitación a vivir plenamente en la gracia de Dios. Jesús mismo nos enseñó que debemos perdonar a los demás, tal como Él nos perdona: "Porque si perdonáis a los hombres sus ofensas, os perdonará también a vosotros vuestro Padre celestial" (Mt 6,14).

El perdón es, por tanto, un camino hacia la paz, tanto interior como exterior. Liberarnos de la ira y el resentimiento permite que nuestro corazón se mantenga tranquilo y dispuesto a recibir la paz que Cristo nos ofrece. Como dijo Lewis Smedes (2018), "perdonar es liberar a un prisionero y descubrir que el prisionero eras tú". El perdón no significa olvidar o justificar las ofensas, sino liberarnos del peso emocional que esas ofensas han dejado en nuestro corazón.

Integración de la paz interior en la vida diaria

Cultivar la paz interior no es algo que ocurra de manera automática; es un proceso que requiere dedicación y esfuerzo constante. Los cristianos estamos llamados a integrar estas prácticas en nuestra vida diaria, creando un espacio sagrado donde podamos descansar en la paz de Cristo. Al combinar oración, meditación, autocuidado, perdón y herramientas de psicología positiva, podemos establecer un marco robusto para vivir en paz, incluso cuando la vida nos desafía.

De este modo, la paz interior no es solo un estado momentáneo, sino una actitud continua que construimos a través de hábitos y actitudes que favorecen la serenidad del corazón. La paz de Cristo se experimenta no solo en los momentos de quietud, sino también en las dinámicas cotidianas de la vida, cuando permitimos que Su amor y gracia transformen nuestro interior, nuestra visión del mundo y nuestra manera de relacionarnos con los demás.

3. La valentía de la paz: enfrentar las dificultades con serenidad

La paz que Cristo nos ofrece es un don que no tiene igual, pero no es una paz de quietud ni de resignación. Es, en realidad, una paz viva, dinámica, llena de fuerza interior, que nos capacita para vivir con valentía, incluso en medio de las dificultades. La invitación de Jesús en el Evangelio de Juan, "No se turbe vuestro corazón ni se acobarde" (Jn 14, 27), no nos llama a huir de la adversidad, sino a enfrentarnos a ella con serenidad, confiando en que, aunque el camino sea arduo, la paz de Cristo nos acompaña, nos sostiene y nos fortalece. De esta manera, la paz cristiana está profundamente conectada con la valentía: esa virtud que nos impulsa a enfrentar el miedo y los obstáculos con coraje y esperanza, sabiendo que Dios está a nuestro lado, tanto en los momentos de calma como en los de tormenta.

La paz como fuente de valentía

La paz que Jesús promete no es una paz pasiva que nos permite evadir las dificultades de la vida, sino una paz activa que nos da la fortaleza para hacerles frente. La paz cristiana es un acto de resistencia frente al miedo y al desaliento, pues es una paz que se vive a través de la fe y de la confianza en las promesas divinas. Como nos dice el Papa Francisco, no es "la paz de los cementerios", sino una paz que arde con la fuerza del Espíritu Santo, un fuego que no destruye, sino que purifica y nos da vigor (Francisco, 2018).

El cristiano que experimenta la paz de Cristo se convierte en una persona valiente, dispuesta a enfrentarse a las pruebas no con resignación, sino con la certeza de que el Señor está junto a él. Esta valentía no es una característica humana que nace de nosotros mismos, sino una gracia que brota del encuentro con el amor divino. Cuando Jesús nos ofrece su paz, nos dice: "Mi paz os doy" (Jn 14, 27), un regalo que no es simplemente la ausencia de conflictos, sino la presencia viva de Dios en medio de ellos, una presencia que nos capacita para actuar con confianza y valor.

Psicología del afrontamiento: resiliencia y valentía

Desde la psicología, la capacidad de enfrentar las dificultades con valentía está estrechamente relacionada con la resiliencia. La resiliencia, entendida como la capacidad de adaptarse positivamente a la adversidad, es una cualidad que se puede cultiv ar a lo largo de toda la vida. Según el psicólogo Albert Bandura (2017), la autoeficacia —la creencia en nuestra capacidad para superar los obstáculos— juega un papel fundamental en el desarrollo de la resiliencia. Las personas que confían en sus fuerzas son más propensas a mantener una actitud positiva y proactiva, incluso en medio de circunstancias difíciles. Esta confianza se construye a través de la experiencia, el aprendizaje y el apoyo de otros, y resulta esencial para gestionar la ansiedad y el estrés.

El cristiano que vive en la paz de Cristo tiene en su interior una fuente profunda de autoeficacia: la confianza en la constante presencia de Dios. La fe en las promesas de Dios, como la certeza de que nunca nos abandonará (cf. Dt 31, 6), fortalece esta confianza, dándonos una base firme sobre la cual edificar nuestra resiliencia. La paz de Cristo no elimina los problemas, pero sí nos da la valentía para enfrentarlos con la certeza de que, a través de la fe, todo puede superarse.

La psicología también destaca la importancia de la revalorización cognitiva, es decir, la capacidad de cambiar nuestra perspectiva y ver los retos como oportunidades de crecimiento. Los estudios en psicología positiva, como los de Seligman y Csikszentmihalyi (2017), demuestran que las personas que adoptan una mentalidad de crecimiento, en lugar de una fija, son más propensas a enfrentar las adversidades con optimismo y valentía. Para el cristiano, esta mentalidad de crecimiento se traduce en la convicción de que el sufrimiento tiene un propósito, y que Dios puede usarlo para nuestra santificación.

La valentía de la fe en medio de la adversidad

La valentía cristiana no es una actitud psicológica ni una fortaleza humana que podamos producir por nosotros mismos; está fundamentada en la fe en Dios y en la certeza de su presencia. La fe, como nos enseña el autor de la carta a los Hebreos, es "la certeza de lo que se espera, la convicción de lo que no se ve" (Heb 11, 1). Esta fe permite al cristiano vivir con valentía, no porque confíe en sus propios recursos, sino porque confía plenamente en la fidelidad de Dios. Esta confianza no es una esperanza vaga, sino una esperanza que se apoya en las promesas de Dios, las cuales han sido probadas y confirmadas a lo largo de toda la historia de la salvación.

La valentía que se nutre de la paz es, al mismo tiempo, una esperanza firme, como señala el Papa Benedicto XVI, quien afirma que "la esperanza cristiana no es una esperanza débil, sino una esperanza fuerte, fundada en la fidelidad de Dios" (Benedicto XVI, 2017). Esta esperanza nos infunde coraje, incluso cuando la vida nos pone ante situaciones que parecen insuperables. La paz cristiana, entonces, no es una paz que huye de la realidad, sino una paz que sostiene al creyente para que enfrente las dificultades con la certeza de que, al final, todo está en las manos de Dios.

La paz como valentía para amar

Una de las dimensiones más profundas de la valentía cristiana es la capacidad de amar en medio del sufrimiento. Jesús, al entregarse en la cruz, nos muestra el camino de un amor valiente, un amor que no le teme al sufrimiento, sino que lo acepta como el medio para la redención del mundo. Esta valentía no es solo la de afrontar el sufrimiento, sino la de seguir amando, incluso cuando todo parece estar en contra. El apóstol Pablo, en su carta a los Romanos, nos dice: "Sabemos que en todo esto somos más que vencedores por medio de aquel que nos amó" (Rom 8, 37).

El amor valiente es el que no se rinde ante las dificultades, sino que se mantiene firme en la verdad y en la justicia, dispuesto a sacrificarse por el bien de los demás. Este amor valiente es una característica esencial del cristiano, quien, fortalecido por la paz de Cristo, puede amar sin miedo, incluso cuando las circunstancias son difíciles. La valentía para amar implica la disposición a perdonar, a servir y a dar testimonio del Evangelio, incluso cuando enfrentamos persecuciones o sufrimientos. Es un amor que no se mide por el éxito o el reconocimiento, sino por la fidelidad a la llamada de Dios.

La restauración final: la esperanza que da valentía

Finalmente, la valentía cristiana se sostiene en la esperanza de la restauración final. La paz que Cristo nos ofrece no es una paz temporal, sino una paz que apunta hacia la plenitud del Reino de Dios, que se consumará con su regreso. Esta visión escatológica da una valentía única a los creyentes, pues les permite ver las dificultades presentes como algo transitorio. Como dice el apóstol Pablo, "Porque la tribulación produce paciencia, y la paciencia, virtud probada; y la virtud probada, esperanza" (Rom 5, 3-4). Esta esperanza en la restauración final nos da la valentía para seguir adelante, sabiendo que todo sufrimiento tendrá su propósito en el plan divino.

La paz cristiana, por lo tanto, no es una paz de fuga, sino una paz que nos da valentía para enfrentar las adversidades con la mirada puesta en el futuro prometido. El cristiano, fortalecido por la paz de Cristo, vive con la certeza de que, al final, la victoria será de Dios y de todos aquellos que confían en Él.

Conclusión: La Paz que Transforma: Un Regalo Divino de Valentía y Esperanza

La paz que Cristo nos regala no es algo superficial ni temporal, sino un bálsamo profundo que alivia las tormentas internas y transforma nuestras heridas en un terreno fértil de serenidad y esperanza. Esta paz no es simplemente la ausencia de conflicto; es un regalo divino que penetra en las profundidades de nuestra alma y que se convierte en el refugio al que acudimos cuando la vida nos sacude con ansiedades, sufrimientos y desafíos cotidianos. En medio de todo esto, Jesús nos extiende su invitación: entrar en su paz. No una paz que dependa de lo que sucede afuera, sino una paz que brota directamente del corazón de Dios y que nos es dada como un don gratuito y trascendente, algo que va más allá de cualquier esfuerzo humano. Como Él mismo lo dice en el Evangelio: "Mi paz os doy, no como el mundo la da" (Jn 14, 27). Así, nos revela que su paz es algo radicalmente distinto, transformador, que no se puede alcanzar con esfuerzos humanos, sino que es un regalo que solo Él puede ofrecer.

Hoy, en un mundo cargado de incertidumbres, estrés y una presión constante, muchos buscan soluciones rápidas para calmar la ansiedad, buscando alivio momentáneo. Pero la paz de Cristo no es una paz fugaz que se desvanece al poco tiempo; es una paz profunda, una paz que va al alma misma y se instala allí, dándonos una estabilidad que ni el caos puede robar. Esta paz no es superficial ni efímera; es una paz que resplandece en lo más profundo de nuestro ser, dándonos la serenidad para afrontar incluso las mayores tormentas. Jesús, con su amor eterno, nos invita a no dejarnos turbar por las vicisitudes de la vida, sino a confiar en su presencia constante. La paz que Él ofrece no solo nos sostiene, sino que nos da la valentía para enfrentarnos a los retos, para vivir con coraje ante todo lo que se cruce en nuestro camino.

John T. Cacioppo, en su estudio sobre la paz interior, nos recuerda que la serenidad interna está ligada a nuestra conexión con algo más grande que nosotros mismos, algo que nos da propósito y dirección. Y, para el cristiano, esa fuente de paz es el mismo Dios, que no solo nos ofrece calma, sino una nueva visión, una perspectiva renovada sobre los desafíos que enfrentamos. Esta paz no nos exime de las dificultades, pero sí nos capacita para enfrentarlas con un corazón en paz, sabiendo que no estamos solos. Dios está con nosotros, y nos da la fuerza para seguir adelante con esperanza.

La valentía que surge de esta paz no es una valentía humana, sino una valentía sustentada por nuestra fe en la fidelidad de Dios. Como dice el teólogo Miroslav Volf, la paz de Cristo nos da la confianza de que Él nunca nos dejará. Nos permite no solo vivir en paz con nosotros mismos, sino también mirar al futuro con una esperanza renovada, aunque las circunstancias a veces sean difíciles. En Isaías se nos recuerda que "la paz será el fundamento de tus tiempos" (Is 33, 6). Esta paz tiene el poder de renovar todo lo que tocamos, transformando el sufrimiento en una oportunidad para crecer en fe, esperanza y confianza en Dios.

Por lo tanto, la paz de Cristo no solo calma las tormentas externas, sino que nos transforma desde adentro. Como el Papa Francisco nos enseña, esta paz es una paz que sana, que nos devuelve la calma al corazón atribulado y nos permite vivir en un mundo lleno de tensiones. La paz de Cristo es como un ungüento suave que cura las heridas de nuestro espíritu, restaurando nuestra capacidad para amar, perdonar y mirar a los demás con compasión. Nos da un corazón tranquilo, que no se deja arrastrar por las olas de la ansiedad, el miedo o el desánimo, sino que se ancla firmemente en la certeza de que somos profundamente amados por Dios.

Al abrazar este don divino, nuestra vida se llena de valentía. La paz de Cristo nos impulsa a vivir con esperanza, con la certeza de que todo sufrimiento tiene un propósito redentor. Y sabemos que, al final, Dios restaurará todas las cosas. La paz que Él nos ofrece es el motor que nos mueve a vivir con valentía, enfrentando las dificultades con serenidad, sabiendo que no estamos solos y que, en todo momento, la gracia de Dios nos acompaña.

EPÍLOGO: EL AMOR QUE SANA Y LIBERA

El amor es el camino más seguro hacia la libertad interior, y cuando lo vivimos a través de la fe, se convierte en una fuente de sanación tan profunda que puede transformar nuestras heridas del alma en nuevas oportunidades de crecimiento y esperanza. En el corazón mismo del mensaje cristiano, encontramos una verdad que nos libera: el amor de Dios no solo nos salva, sino que también nos sana. Como Jesús nos lo dijo en el Evangelio: "Venid a mí, todos los que estáis cansados y agobiados, y yo os aliviaré" (Mt 11, 28). Esta es una invitación a descansar en Su amor incondicional, un amor que no nos exige perfección, sino que acoge nuestra vulnerabilidad, liberándonos de las cadenas que nos atan al sufrimiento.

El Amor que Libera: Sanación Desde la Fe

La verdadera libertad interior no consiste en la ausencia de problemas, sino en la capacidad de vivir en paz, incluso en medio de ellos. Y este amor de Dios, que nos envuelve y nos sostiene, es el camino que nos lleva a esa libertad, pues nos enseña a aceptar nuestras debilidades con compasión, reconociendo que no somos definidos por nuestras fallas, sino por el amor que hemos recibido. Como bien lo indican Neff y Germer (2018), la autocompasión es clave para el bienestar psicológico, ya que nos permite tratar nuestras propias heridas con el mismo cuidado y ternura con los que trataríamos a un amigo querido. Este enfoque, tan enraizado en la fe cristiana, nos invita a ver nuestras heridas no como fracasos, sino como los lugares donde el amor de Dios puede manifestarse con mayor fuerza.

La psicología moderna cada vez reconoce más la importancia del amor como factor esencial en la sanación emocional. Según Van der Kolk (2019), una conexión amorosa y segura es un poderoso

131

antídoto contra el trauma, pues permite que nuestro sistema nervioso se regule y que el cerebro se recupere del estrés tóxico. Desde la perspectiva cristiana, ese amor se encuentra en su expresión más pura en nuestra relación con Dios, quien nos ofrece una presencia constante y amorosa que nunca nos abandona. La fe nos invita a abrir nuestro corazón a este amor y permitir que sane las heridas más profundas, recordándonos que, como dice San Pablo, "Nada podrá separarnos del amor de Dios" (Rom 8, 39).

La Libertad Interior Como Fruto del Amor

La libertad interior es el fruto de vivir en el amor, no como un sentimiento pasajero, sino como una decisión constante de confiar en la fidelidad de Dios. Esta libertad nos da la fuerza para liberarnos de los pesos del resentimiento, el miedo y la culpa, y nos capacita para perdonar, soltar las cargas del pasado y caminar con esperanza hacia el futuro. Como señalan Worthington y Sandage (2020), el perdón es una práctica con un profundo impacto en la salud mental, pues libera al individuo de la carga emocional del resentimiento y le permite experimentar mayor paz interior. En la fe cristiana, el perdón no es una opción, sino una llamada a imitar el amor misericordioso de Dios, quien nos perdona incondicionalmente y nos invita a hacer lo mismo con los demás.

Vivir desde el amor también significa cultivar una relación cercana y constante con Dios a través de la oración, la meditación y la reflexión espiritual. Estos actos de comunión nos permiten mantenernos anclados en la verdad de que somos profundamente amados y valorados por Él, lo cual es esencial para experimentar la libertad interior. Como señala Thomas Keating (2018), la oración centrante es una práctica que nos ayuda a descansar en la presencia amorosa de Dios, lo que nos permite soltar las preocupaciones y experimentar una profunda paz interior. Esta práctica, al igual que la meditación, tiene el poder de transformar nuestra relación con nosotros mismos y con el mundo que nos rodea, dándonos la serenidad y confianza necesarias para vivir plenamente.

La Esperanza Como Camino Hacia la Sanación

La fe en el amor de Dios nos da una esperanza que trasciende cualquier circunstancia, una esperanza que nos permite creer en la posibilidad de sanación y restauración, incluso cuando todo parece perdido. Esta esperanza es la fuerza que impulsa nuestra búsqueda de la libertad interior, recordándonos que el amor de Dios tiene el poder de transformar incluso las situaciones más dolorosas en oportunidades de crecimiento y renovación. Según Snyder y López (2019), la esperanza es un factor clave en la resiliencia, ya que nos permite mantener una actitud positiva y proactiva frente a los desafíos, confiando en que el futuro puede ser mejor.

La esperanza cristiana se basa en la promesa de que Dios hace nuevas todas las cosas (Ap 21, 5), y esta promesa nos da la fuerza para seguir adelante, incluso en medio del sufrimiento. El amor que hemos recibido de Dios nos impulsa a vivir con valentía, a buscar la sanación y a creer en la posibilidad de una vida plena y libre, no porque seamos fuertes, sino porque confiamos en la fidelidad de Aquel que nos ha amado desde el principio.

Sanar desde la fe es un proceso que requiere valentía, confianza y apertura al amor de Dios. El amor es el camino hacia la libertad interior, y cuando vivimos en este amor, experimentamos una paz que trasciende todo entendimiento, una paz que nos permite enfrentar la vida con esperanza y valentía. La fe nos invita a soltar las cargas, a confiar en que somos profundamente amados y a permitir que este amor transforme nuestras vidas desde dentro. Así, la libertad interior se convierte en el fruto de una vida vivida en comunión con Dios, una vida donde el amor es la fuerza que nos libera, nos sana y nos impulsa a vivir con plenitud.

Referencias

Beck, A. T., Rush, A. J., Shaw, B. F., & Emery, G. (2016). *Cognitive therapy of depression*. The Guilford Press.

Biblia de Jerusalén (Última edición). (Edición estándar utilizada en todas las citas bíblicas).

Bonhoeffer, D. (2018). *Ethics*. Abingdon Press.

Borgmann, A. (2019). *Technology and the character of contemporary life: A philosophical inquiry*. University of Chicago Press.

Brach, T. (2021). *Radical acceptance: Embracing your life with the heart of a Buddha*. Bantam.

Brown, B. (2018). *Daring greatly: How the courage to be vulnerable transforms the way we live, love, parent, and lead*. Penguin.

Brown, B. (2018). *El poder de la vulnerabilidad: Enseñanzas sobre la autenticidad, el coraje y la conexión*. Editorial Planeta.

Brown, B. (2018). *Dare to lead: Brave work. Tough conversations. Whole hearts*. Random House.

Brueggemann, W. (2017). *El dolor como parte de la experiencia cristiana*. Editorial Baylor University Press.

Brueggemann, W. (2021). *La confianza en Dios: Fe y resistencia en tiempos de crisis*. Editorial Herder.

Chittister, J. (2019). *The gift of years: Growing older gracefully*. BlueBridge.

Castillo, J. M. (2020). *La espiritualidad en tiempos de crisis: Un camino hacia la sanación*. Ediciones Cristiandad.

Cohen, J. (2020). Neurobiología de la ansiedad: Mecanismos cerebrales en el trastorno de ansiedad. *Revista de Psicología Clínica*, 68(4), 234-249. https://doi.org/10.1016/j.jpsychores.2020.03.015

Cuijpers, P., Karyotaki, E., & Weitz, E. (2019). Psychotherapy for depression in adults: A meta-analysis of randomized controlled trials. *Journal of Clinical Psychology*, 75(1), 56-67.

Cuijpers, P., Karyotaki, E., Weitz, E., Andersson, G., & van Straten, A. (2019). Psychotherapy for depression in adults: A meta-analysis of comparative efficacy and active treatments. *Journal of Affective Disorders*, 225, 535-548. https://doi.org/10.1016/j.jad.2017.08.070

David, S. (2016). *Emotional agility: Get unstuck, embrace change, and thrive in work and life*. Penguin Press.

David, S. (2019). *Emotional agility: Get unstuck, embrace change, and thrive in work and life*. Penguin Books.

David, S. (2020). *Emotional agility: Get unstuck, embrace change, and thrive in work and life*. Penguin Random House.

Emmons, R. A. (2018). *The little book of gratitude: Create a life of happiness and wellbeing by giving thanks*. Gaia.

Francisco, Papa. (2015). *Laudato Si': Sobre el cuidado de la casa común*. Ciudad del Vaticano.

Francisco, Papa. (2017). *La alegría del Evangelio: Exhortación apostólica sobre el anuncio del Evangelio en el mundo actual*. Ciudad del Vaticano.

Frankl, V. E. (2017). *El hombre en busca de sentido*. Herder

Editorial.

Frankl, V. E. (2021). *Man's search for meaning: The classic tribute to hope from the Holocaust*. Beacon Press.

Freudenberger, H. (2018). *Burnout: The high cost of high achievement*. Hachette Books.

Gilbert, P. (2019). *The compassionate mind: A new approach to life's challenges*. New Harbinger Publications.

Girard, R. (2020). *La violencia y lo sagrado*. Ediciones Istmo.

Grün, A. (1995). *Jesús, sanador del alma*. San Pablo.

Guardini, R. (2020). *El espíritu de la liturgia*. Ediciones Cristiandad.

Hari, J. (2020). *Lost connections: Why you're depressed and how to find hope*. Bloomsbury Publishing.

Hayes, S. C., Strosahl, K. D., & Wilson, K. G. (2006). *Acceptance and Commitment Therapy: An Experiential Approach to Behavior Change*. New York: Guilford Press.

Herman, J. L. (2018). *Trauma y recuperación: Los efectos del trauma y la curación del cuerpo y la mente*. Grupo Editorial Norma.

Hiltunen, J., et al. (2020). Spiritual support and social networks in coping with depression. *Journal of Affective Disorders*, 276, 226-234.

Horney, K. (2018). *Neurosis and human growth: The struggle toward self-realization*. W.W. Norton & Company.

Joffe, H. (2018). Medios de comunicación y ansiedad social: La influencia de los medios en la percepción del peligro y la ansiedad. *Revista Internacional de Psicología Social*, 33(2), 98-112. https://doi.org/10.1080/00221548.2018.1441905

Johnson, E. A. (2018). *Quest for the living God: Mapping frontiers in the theology of God*. Continuum.

Johnson, E. (2021). *Creation and the cross: The mercy of God for a planet in peril*. Orbis Books.

Kierkegaard, S. (2019). *El concepto de la angustia*. Ediciones Gredos. (Obra original publicada en 1844).

Koenig, H. G. (2012). Religion, spirituality, and health: The research and clinical implications. *ISRN Psychiatry*, 2012, 278730.

Kristeva, J. (2019). *Powers of horror: An essay on abjection*. Columbia University Press.

Keesmaat, S. (2018). *Colossians remixed: Subverting the empire*. InterVarsity Press.

Kübler-Ross, E., & Kessler, D. (2019). *On grief and grieving: Finding the meaning of grief through the five stages of loss*. Scribner.

Linehan, M. M. (2020). *DBT skills training manual*. Guilford Press.

Main, J. (2017). *La meditación cristiana: Un camino hacia la presencia divina*. Editorial Continuum.

McEwen, B. (2019). *The end of stress as we know it*. Dana Press.
McGonigal, K. (2017). *The upside of stress: Why stress is good for you, and how to get good at it*. Avery.

Masten, A. S. (2001). Ordinary magic: Resilience processes in development. *American Psychologist*, 56(3), 227-238.

Masten, A. S. (2017). Resilience in development: The importance of early experience. *American Psychologist*, 72(3), 232-243.

Maté, G. (2019). *When the body says no: The cost of hidden stress.* Wiley.

Maté, G. (2021). *La ansiedad: Un viaje hacia la curación emocional.* Editorial Planeta.

Martin, J. (2019). *La soledad de Jesús.* Editorial San Pablo.

Martínez, T. de J. (2021). *El vacío existencial y su impacto emocional.* Editorial Psique.

Möller, L. (2019). *La psicoterapia existencial: Desafíos y perspectivas contemporáneas.* Editorial Ateneo.

ACERCA DEL AUTOR

Marcelo Bustos es sacerdote diocesano con 17 años de ministerio, dedicado al acompañamiento espiritual y humano de las personas. Además, es licenciado en Psicología, con especialización en Psicología Sistémica y Psicología Forense. Su sólida formación académica también abarca estudios en Pedagogía, Teología y Filosofía, lo que le ha permitido integrar de manera única las dimensiones espiritual, emocional y social en su práctica pastoral y profesional.

Es fundador de la **Fundación Sanar para Vivir**, una organización comprometida con brindar apoyo psicosocial y jurídico a mujeres en contexto de violencia intrafamiliar. Desde esta plataforma, Marcelo trabaja para empoderar y acompañar a quienes enfrentan situaciones de sufrimiento, promoviendo procesos de sanación y reconstrucción desde una perspectiva de fe y justicia.

Como autor, ha escrito los libros *"10 Hábitos para fortalecer tu inteligencia emocional", "Psicología para el éxito profesional "y "Voces valientes: Cómo superar el miedo a hablar en público y conectar con tu audiencia".* En su más reciente obra, *"Sanar desde el alma: Una mirada bíblica y psicológica al sufrimiento humano",* Marcelo fusiona su experiencia pastoral y psicológica para ofrecer una reflexión profunda y transformadora sobre el dolor, iluminando el camino hacia la sanación integral con la luz de las Escrituras y la sabiduría de la psicología contemporánea.

Made in the USA
Columbia, SC
31 January 2025

52336063R00083